科学出版社“十三五”普通高等教育本科规划教材

供中医、中西医结合、针灸等专业使用

病理学实验指导

第3版

李　萍　雷久士　主　编

科 学 出 版 社

北　京

内 容 简 介

《病理学实验指导》第3版是按照全国高等中医院校病理学教学大纲的要求编写的，在第2版基础上进行修订，立足于中医药院校教学特点，致力于精选内容，引用成熟可靠、“简”“便”“廉”的实验项目。全书包括实验须知、病理学实验基本技能、病理形态学实验、病理生理学实验及临床病理案例讨论等五个部分。本书将二维码融入教材插图中，将病理形态实验部分的大体和镜下照片插图以二维码形式印入书中，方便学生进行任意浏览，可下载保存和分享，随时随地对插图进行辨识学习。

本书适用于中医药院校中医、中西医结合、针灸等相关专业学生学习及教师参考使用。

图书在版编目（CIP）数据

病理学实验指导 / 李萍，雷久士主编 . —3版 . —北京：科学出版社，2017.6

ISBN 978-7-03-053710-2

Ⅰ . ①病…　Ⅱ . ①李…　②雷…　Ⅲ . ①病理学－实验－医学院校－教学参考资料　Ⅳ . ① R36-33

中国版本图书馆CIP数据核字(2017)第137608号

责任编辑：郭海燕　王　鑫 / 责任校对：郑金红

责任印制：李　彤 / 封面设计：陈　敬

科学出版社 出版

北京东黄城根北街16号

邮政编码：100717

http://www.sciencep.com

北京凌奇印刷有限责任公司 印刷

科学出版社发行　各地新华书店经销

2007年6月第　一　版　开本：787×1092　1/16

2017年6月第　三　版　印张：6　1/2

2022年12月第九次印刷　字数：147 000

定价：24.80 元

（如有印装质量问题，我社负责调换）

《病理学实验指导》编委会

主　编　李　萍　雷久士

副主编　熊　凡　李瑞琴

编　者　（以姓氏笔画为序）

王秀莲　王晓敏　尹漾阳　许　湘

李　萍　李能莲　李瑞琴　陈　丽

苗宇船　施　旻　姜　霞　袁　艇

高爱社　郭继龙　唐　群　黄　勇

富　青　雷久士　熊　凡

第 3 版前言

《病理学实验指导》第 2 版自 2011 年出版至今已有 6 年。使用过程中，我们收到许多热心读者的建议和意见，拟对该病理学实验用书进行修订。其修订原则是框架和基本内容与第 2 版相似，以保证延续性，并坚持理论结合实践，立足于中医药院校教学特点，致力于精选内容，引用成熟可靠、“简”“便”“廉”的实验项目。

修订后的《病理学实验指导》有以下特点：

（1）对实验方法、步骤、观察内容尽可能写得清楚扼要，并介绍了我们的一些经验和体会，以便学生预习，减少实验课讲授时间。

（2）兼有实验指导和病理学图谱的双重功能。对肉眼标本及切片进行病变描述，指出观察要点；对疾病模型复制的实验方法、步骤、观察指标尽可能写得简明清楚，并附病变的彩色照片，不仅是病理学实验课必备的课本，也便于学生利用本书进行自学和课外的复习、预习。

（3）每章节备有若干思考题，就实验内容、方法及结果等方面提出启发性问题，可开拓同学思路，助于同学掌握学习要点。

（4）提供若干临床病理讨论案例及答案分析，使学生在自己学习观察的基础上，学会案例分析的方法。

（5）将“二维码”融入教材插图中。本教材使用科学出版社创新技术，将“二维码”随病理形态实验部分的大体和镜下照片插图印刷，通过手机扫描二维码，简单便捷地将实验指导中的黑白图片转换为彩图照片进行任意浏览，可下载保存和分享，随时随地对插图进行辨识学习。

本实验指导按照全国高等中医药院校病理学教学大纲的要求编写，适用于中医药院校相关专业的本、专科学生学习及教师参考使用。

由于编者知识及经验的局限，本版实验用书仍可能存在一些不尽如人意之处，敬请各位同仁和读者提出宝贵意见，以便以后修订时改正和完善。

编　者

2017 年 5 月

目　录

第一篇 实验须知

一、病理学实验目的和意义

病理学（pathology）是研究各种疾病的病因、发病及疾病的发生、发展规律，从而阐明疾病本质的医学科学。所以，病理学是最主要的基础医学学科之一，并且是联系基础医学和临床医学的桥梁。同时，病理学作为应用科学，又具有临床性质，参与临床诊断，是各种医学诊断中具有权威性的诊断。病理学以实践性强为其特点，学好实验课内容，对于理解和掌握病理学尤为重要，因此，病理学实验课在病理学教学中是十分重要的一个环节。在实验课中学生不仅要通过对病变器官、组织和细胞的形态学观察，联系其功能代谢变化及其临床表现，掌握各种疾病的发生、发展规律，更重要的是要学习一定的实验观察方法和操作技能，培养严肃的科学态度及实事求是的作风，培养独立思考、综合分析和解决问题的能力，为以后学习临床课奠定良好的基础。

在病理学的教学和学习中，我们特别强调理论与实践的结合，基础与临床的结合，讲课与自学的结合。通过大量标本的肉眼观察和病理组织切片的镜下观察，让学生对于疾病状态下人体组织的结构变化，有直观的了解；通过动物机能实验，让学生了解动物疾病模型复制的方法，培养学生严谨的科学态度、动手能力和分析解决问题的能力；通过对各种典型临床病例的病理学观察和分析，培养学生逻辑思维的能力。病理学实习内容和方法包括：

（1）肉眼大体标本观察。

（2）病理切片组织学观察。

（3）电视录像及计算机多媒体示教。

（4）动物机能实验。

（5）典型病例的临床病理讨论。

（6）参观（参加）尸体解剖等。

二、病理学实验内容和方法

（一）病理大体标本观察

1. 大体标本的观察方法及步骤

（1）判定所观察的标本是什么组织或器官：有时标本是从活的患者身体病变部分手术切取的，这种标本常不易见到完整的正常脏器，此时就要运用已经学过的解剖学知识首先认出标本是何组织或器官？是哪一侧的（指成对的有明显解剖学标志能分出左右器官，如肺等）或是该组织器官的哪一部分（如心、脑、肠等的哪一部分）？

（2）判定该标本中有无病理变化（病变）：在判明是何器官组织之后，就要运用所学的该种器官组织的解剖学知识观察它有无异常，即有否病变？为避免遗漏病变，培养我们的科学作风，在观察标本时应当按一定程序进行观察、描述。一般的观察程序如下：

1）首先检查器官的大小、质量、形状（注意有否变形）、颜色、硬度（硬、软、韧或脆等）、光滑度（平滑或粗糙）、湿润度（湿润或干燥）、透明度（正常脏器包膜“浆膜”菲薄而半透亮）、光泽度等，看有无异常。然后再按该器官、疾病的需要切开进行检查。

2）切开的实质性器官的检查顺序往往是自外向内逐一进行，即被膜→实质→腔道及血管→其他附属装置等，如肺，即胸膜→肺实质→气管、血管→肺门淋巴结等；肝，即被膜→肝实质→胆管、血管→肝门三件等。

3）对空腔器官的检查顺序往往是自内向外逐一进行（当然自外向内亦可），如对心脏，即心腔及内容物（血）→心内膜、各瓣膜→腱索、乳头肌及肉柱→心肌→心外膜→冠状血管等；对胃肠，则先为肠腔、肠内容→黏膜→黏膜下层→肌层→浆膜层及肠系膜等。

（3）病灶（即脏器中病变部分）的观察

1）分布及位置：在脏器的哪一部分？弥漫或局部？

2）数目：弥散性或局灶性？单个或多个？

3）大小：体积＝长 × 宽 × 高，并以厘米为单位。但为明了起见，也常用实物大小形容之，如粟粒大，芝麻大，绿豆大，黄豆大，花生米大，鸡蛋大，拳头大，儿头大等。

4）形状：乳头状、菜花状、息肉状、蕈状、结节状、囊状等。

5）颜色：红色表示病灶内含血液，黄色表示含有脂肪或类脂，绿色或黄绿色表示含有胆汁等。

6）和周围组织关系：界线明显或模糊，有无压迫或破坏周围组织等。

（4）判定病变的性质及其发展的阶段：主要是运用我们正在学习中的病理学的知识对标本进行鉴别的分析综合过程。一经确定是哪种病变，随之而来的便是该病变属于哪个发展阶段，这也是很重要的。因为我们看到的标本都是各疾病的某一发展阶段的片断，可能是初期、中期或是晚期，我们就要运用所学的理论知识判定属于哪一发展阶段。这一过程一般可按下列三个步骤进行：

1）实事求是地观察和描述标本中病变的形态特点，这是我们诊断能否正确的重要基础。标本中有什么就描述什么，绝不要凭空地或按一般的理论去套、去推想。当然也不应遗漏次要病变。

2）根据已观察到的病变形态特点和所学的病理知识，初步判定一下该病变可能属于哪一种或由哪几种病理过程而来，如血液循环障碍、物质代谢障碍、炎症、肿瘤等。还必须指出：有时应首先鉴别此种变化是生前的还是死后的变化，如血管心脏内的血液凝固就需要鉴别是生前的血栓还是死后的凝血块。

3）在上述的判定基础上可能初步确定是哪种病理过程的病变，也可能还符合两种以上的病变。我们还可结合标本的形态特点进一步学习各有关章节理论知识，并参考其他已知的情况（如该病例的病史、病因、年龄、性别等）便容易鉴别出是哪种病变。

（5）诊断：根据观察到的病理变化，结合理论知识进行分析、综合，找出诊断依据，做出大体标本之诊断。诊断的写法是：脏器名称＋病理变化，如肝淤血、肝脂肪变性等。

2. 观察大体标本的注意事项

（1）固定液。同学们所观察的大体标本取自尸体或临床手术切除的活体标本，为了保存均需用一定的固定液浸泡。最常用的固定液为 10% 的中性福尔马林（甲醛）固定液，是无色透明液体。由它固定后的标本，组织呈灰白色，血液呈暗黑褐色。有时为了保持标本的原来颜色而用原色标本固定液（凯氏固定液），为淡黄色透明液体。经它固定后的组织基本上保持原色不变，所以血清或富于血液的组织或病变仍为红色。在观察标本时应当注意所用的是哪种固定液。

（2）在观察标本时要注意轻拿轻放标本瓶，拿起来观察时，应用双手托住标本瓶，以免损坏；不准倾斜、放倒或倒置，也不要振荡，以免固定液流出、混浊影响对标本的保存和观察。如有损坏立即报告。

（3）复习标本架或标本柜中的标本时，在观察之后一定要放回原处，不要乱放。

（二）病理切片标本观察

1. 肉眼观察　持所要观察的切片先用肉眼观察以下内容：

（1）判断是什么组织或器官：初步全面了解整个切片的情况，并发现病灶的所在部位。大部分切片以肉眼即可判定出是什么组织或器官，如心肌、肝、脾、肾、肺、脑等。分辨各组织器官对初学者也不大容易，需要反复大量观察，有了一定经验之后就容易了。

（2）切片的密度、颜色等是否一致：这种一致与否，不是指正常结构中不同部位上的差异，而是异常改变造成的。例如，一致可能是无病变，亦可能是一致性的病变；有明显不一致的地方，如果不是正常的结构上的不同，便很可能是病灶所在之处了。在用显微镜观察时尤其要注意此处。

2. 低倍镜观察　用肉眼观察后，辨别出切片的正反面（有极薄的盖玻片那面向上），再放入显微镜下，用低倍镜观察。

（1）观察方法：实质器官一般由外（被膜侧）向内，空腔器官由内向外逐层观察。观察时上下、左右移动标本，确定是何种组织及病变，发生在哪一部分（按正常组织结构成分去观察）。观察每层时亦应从一端开始，一个视野接一个视野地连续观察，以免遗漏小的病变。这种观察可以快一点粗略地观察一遍，如是一致性改变，再任选较清晰处进行详细观察；如是局灶性病变，全面观察后，便可回到病灶处详细观察。

（2）观察内容：①是何组织、器官以印证肉眼判定是否正确，以便总结提高。②根据组织学和病理学知识判定该组织是否正常。部分异常，还是全部异常。③如有病变再进一步观察、描述它是什么改变，属于哪种病变（如血液循环障碍、物质代谢障碍、炎症、肿瘤等）。

3. 高倍镜观察　在利用低倍镜全面观察之后，为了进一步清楚地观察某些病变的更微细的结构才换用高倍镜观察。因为直接用高倍镜观察既容易因调不好焦距而损坏镜头或切片，又容易漏掉病变而误诊（因倍率高看到的视野面积小，不容易看清全局）。所以一般是在低倍镜下找到需要用高倍镜观察的部位之后，把该处移到低倍镜的视野中央，再换用高倍镜观察所要观察的内容。

4. 油浸镜观察　在病理组织切片观察中很少用，同时必须将要观察部分移到高倍镜视野中央后再换用油浸镜头观察，我们的实习中不用。对病理组织切片的观察绝大部分的观察内容都应当是在低倍镜下进行的，肉眼及高倍镜观察只起辅助作用，所以同学们应当练好这个基本功。

5. 学生在使用显微镜过程中常犯的错误

（1）显微镜安放位置不当，有碍操作。显微镜安放不是靠前就是靠后，或位置靠右，甚至把镜筒朝向自己。显微镜应安放在离桌边缘5cm处、镜筒向前，并讲清显微镜位置稍靠左侧的道理（两眼同时睁开观察，眼不易疲劳，便于绘图）。

（2）对光顾此失彼。对光时往往忘记了反光镜的正确使用，不能根据光线的强弱来选择平面镜或凹面镜；用高倍镜进行对光，不把低倍镜位置放低；在转动转换器时，物镜没有到位，光圈也没有调节好，视野光线不均匀、明亮。

（3）不能迅速找到要观察的物像。没有按简明、合理的程序操作。先使用视野宽的低倍镜，把要观察的材料放在通光孔中央，放下镜筒使物镜下端与装片的距离约为 1 cm，沿逆时针方向徐徐调节粗准焦螺旋，同时左眼注视视野，直到看清物像。如果第一次标本未进入视野，那么要重新操作，在调节粗准焦螺旋的同时，移动装片，直到看见物像为止。在具体操作时，也可以装片表面杂质或气泡为参照物，当杂质出现时，表明物距基本调好，再移动装片，即可找到所要观察的物像。

（4）高倍物镜的使用方法不正确。由于高倍物镜的工作距离小，有的学生害怕把镜头损坏，一旦用高倍物镜时就把镜筒升上来，结果在低倍镜下观察到的物像换成高倍镜后就再也找不到了。因此，在教学时要向学生反复强调用高倍物镜前先换上高倍的目镜，再直接换上高倍物镜，并且把光圈开大。

（5）忽视准焦螺旋的使用。有的学生在使用高倍物镜时，仍然调节粗准焦螺旋，其结果往往是把物镜损坏、装片压烂。

（6）认为倍数越大，越清晰。如果目镜倍数过大，得到的放大虚像则很不清晰。因此，应给学生讲明，在低倍镜下能看清楚的物像，不必用高倍镜观察。

（7）忽视显微镜的保养。显微镜是精密的放大仪器，要教育学生爱护显微镜。轻拿轻放，不能用手或布去擦试镜头，使用倾斜关节时，倾斜角度不能太大。实验完毕，盖上镜头盖，移去载物台上的玻片，转动转换器，使两个物镜分开至两旁，降下镜筒，装入镜箱内。

（三）部分器官的观察要点

1. 心

肉眼观　首先观察外观：大小、形状、颜色，心外膜光滑度、厚度，血管走行、分布，脂肪多少。判断心腔的各腔室为何侧，观察心腔壁厚度；各瓣膜厚度，有无粘连、变形、缺损、穿孔等；腱索粗细、粘连、长度；乳头肌及肉柱大小；心肌颜色、质地、有无坏死；心腔壁及瓣膜光滑度及有无赘生物，心腔有否扩张。并注意主动脉根部有无粥样斑块、扩张等。

镜下观　确定心脏组织：心肌细胞有横纹，形态分叉，一个核居中，心壁分三层。逐层观察：心内膜：正常较薄，为致密结缔组织。注意心腔有无渗出物（成分、数量）、血栓，心内膜有无增生、变厚。有无炎性反应（充血、水肿、炎细胞浸润）、特殊病变（结核、风湿性病变等）。心肌层：心肌细胞萎缩、肥大，有无色素、变性、坏死，心肌间质病变观察同心内膜。心外膜：较厚、脂肪多，有较大血管和神经。心外膜及其表面观察同心内膜。

2. 脑

肉眼观　首先观察大体外观：双侧大脑对称性、有否脑疝，脑回、脑沟变化，脑基底动脉环分支分布，有无畸形或其他病变；蛛网膜清晰度、蛛网膜下腔有无渗出物或出血；脑表面小血管情况等。切面观：辨认大脑灰白质，主要神经团和小脑及脑干结构，注意有无出血、坏死、肿物等病变。

镜下观　正常情况下，大脑皮质分六层，即分子层、外颗粒层、锥体细胞层、内颗粒层、节细胞层和多形细胞层；髓质由大量神经纤维组成。小脑皮质分三层，即分子层、蒲肯野细胞层和颗粒层。全脑及脊髓表面紧贴一薄层结缔组织膜，富含小血管，并覆以单层扁平上皮，为软脑膜，其表面为蛛网膜，由纤细的结缔组织构成，纤维形成许多小梁与软脑膜相连，两膜之间为蛛网膜下腔。观察时注意神经细胞有无变性、坏死，实质有无炎性反应（充血、水肿、炎细胞等），有无出血、有无肿瘤组织等。软膜及蛛网膜下腔有无渗出物（成分、数量）及其他炎性反应等。

3. 肾

肉眼观　肾大小、形状、颜色，表面是否光滑或呈颗粒状、凹陷性瘢痕，有无出血点、渗出物或脓肿等。切面观：肾皮质厚度，肾实质内有无出血、坏死、空洞、肿块等病灶（部位、大小、形态、数量、边界等）。肾盂黏膜是否光滑，有无出血、渗出物，肾盂有无扩张、变形，脂肪组织多少等。

镜下观　肾实质内肾小球大小、分布情况，肾小球内细胞数量、有无纤维化、玻璃样变性及坏死，毛细血管扩张否，肾小球囊内有无渗出物（成分、数量），球囊壁细胞增生否，有无新月体；肾小管上皮细胞有无变性，管腔内有无渗出物或管型。肾间质内有无炎性反应（充血、水肿、炎细胞及其种类等），或纤维组织增生。肾被膜厚度、有无炎性反应或增生。

4. 血管

肉眼观　内容物：血液性状，有无其他异常物质，如固形物。内腔：扩张及狭窄。内面：即内膜、光滑度、色调及病变。壁：厚度、硬度。外部：走行及分支、粗细、颜色及硬度等。

镜下观　因系空腔脏器，可按内膜、中膜、外膜的顺序观察。内容物：血管腔内有无异常物质存在，如血栓形成。内膜：有无增厚，增厚的物质是什么。中膜：有无被破坏的情形或异常，有无萎缩或肥厚。外膜：营养血管有无改变，外膜内有无炎性细胞浸润及其他改变。

5. 肺

肉眼观　先观察肺表面胸膜（光滑、光泽、颜色、肥厚、有无其他异常物质被覆等）、大小、形状（有无增大或变小情形及变形）、质量、颜色、质地。切面检查肺实质的性状，正常肉眼可见疏松的肺泡，观察有无病变区、实变否、颜色如何；支气管及血管病变。

镜下观　胸膜：厚薄、附着物等（如有是什么样的）。

肺泡及肺泡道：异常内容的有无（液体、细胞成分等），腔的大小（有无扩张或变小）。肺泡壁的改变：如血管有无充血、炎性细胞浸润。

支气管：可首先注意检查细支气管的改变，有许多病变常从此开始。有无异常内容物。壁有无炎性细胞浸润、血管充血。管腔有无扩张。

血管：内容的异常，血管壁有无硬化。

间质：气管周围结缔组织和小叶间结缔组织，注意量的多少，有无其他细胞成分。

6. 肝

肉眼观　观察肝的大小、质量、外形、硬度、肝被膜（肥厚、有无异常物质附着、平滑否）、颜色；胆囊及胆管有无增厚，有无结石，胆管有无扩张；门静脉、肝动脉、肝静脉内膜有无增厚及血栓形成。切面检查颜色、光泽、小叶（正常 1 ～ 2mm）、有无结节形成。

镜下观　肝小叶的结构是否完整、正常。中央静脉及肝血窦有无扩张及充血，肝细胞排列是否整齐，肝细胞有无变性及硬化，库普弗细胞有无肿大与增生。汇管区胆管、动脉、静脉及间质有无异常所见。被膜有无增厚或渗出物附着。

7. 消化道

肉眼观　观察管腔内容物有无异常；内腔有无狭窄、闭塞或扩张；黏膜的颜色、厚度，有无其他异常之处；管腔壁厚度正常否；浆膜有无异常物质附着。

镜下观　按黏膜层、黏膜下层、肌层及浆膜层的顺序依次观察，发现有无与正常时不一样的地方，然后注意观察该处的改变。

8. 脾

肉眼观　观察脾的大小、质量、形状、被膜的性状、颜色和硬度。切面检查红髓含血量多少、颜色；白髓、脾小梁、有无局限性病变、脾动脉及静脉的状态。

镜下观　被膜是否增厚、有无渗出物附着；小梁、白髓（包括中央动脉有无硬化）、红髓中脾窦是否扩张充血，窦内网状内皮细胞及多核白细胞是否增多；有无局部性病灶——如有，其结构如何？

（四）机能学实验教学要求和实验室守则

1. 实验前

（1）仔细阅读本课程和有关课程的讲义，了解实验的目的、要求、步骤和操作程序。充分理解实验设计原理，预测实验结果。

（2）设计好实验原始记录的表格，写好对本实验结果分析讨论的发言提纲。

（3）结合实验内容复习有关理论。

2. 实验时

（1）遵守课堂纪律，准时到达实验室，中途因故外出或早退应向教师请假。

（2）保持实验室的整齐、清洁，实验器材的安放力求整齐、稳固。

（3）检查实验器材是否完备，熟悉实验仪器的性能和基本操作方法。

（4）严格按实验程序认真操作，不得进行与实验无关的活动。实验操作遇有疑难时，要随时找老师解决。

（5）爱护实验器材、实验动物和标本，节省实验用品和药剂。

（6）注意安全，严防触电、火灾、被动物咬伤及中毒事故的发生。

（7）仔细、耐心地观察实验过程中出现的现象，真实客观地记录实验结果，并加上必要的文字注释，有时还需要绘制图形或曲线进行分析。实验中的每项结果都应随时记录，不可单凭记忆，以免发生错误或遗漏。更不可随意修改。实验报告中应尽可能使用原始结果，若原始记录图只有一份，其他同学可采用复印等办法加以解决。应培养严谨求实的科学作风。

（8）对实验中取得的结果进行如下思考：①取得了什么结果。②为什么出现这种结果。③这种结果有什么理论或实际意义。④出现非预期结果的原因是什么。

3. 实验后

（1）清点、擦洗干净手术器械，整理仪器。如果器械有损坏或短少，立即向负责教师报告。

（2）动物尸体、标本、纸片和废品应放到指定地点，不要随地乱丢，严禁丢到水池中，以免堵塞排水管。清洁实验台。某些试剂或药品可能有毒，或混合后会产生某种毒性，或可能会污染环境，应听从老师的安排，注意安全，适当存放或进行必要的处理。严禁乱放乱弃。要树立牢固的自身安全和环境保护意识。

（3）值日生应搞好实验室的清洁卫生工作，离开实验室前应关灯，关窗，关水龙头。

（4）整理、分析实验结果，认真书写实验报告，按时递交任课教师批阅。

（五）临床病例讨论

临床病理病例分析是学好病理学最重要的内容和方法之一。使用案例法教学的目的在于：①通过学生正确的表达和讨论，将病理学这样一门基础知识有效地与临床知识结合起来；②通过发展学生创造能力和实际解决问题的能力，可以增强其面对困难的自信心，有效地把素质教育全面贯穿在病理教学中；③可以缩短教学情境与临床实际情境的差距；④应用案例教学在一定程度上能增强教学的趣味性和艺术性。通过病例分析早期接触临床，是培养医学生综合素质、增强解决问题的能力和实践能力的重要方式。学以致用，是病理学实验教学的最终目标和目的。同学们在进行病例分析时，可依照以下程序：

（1）首先了解和分析病史（努力根据所提供的症状、体征和其他检查结果），做出初步临床诊断或可能的死因。

（2）根据观察大体标本和切片，对所提供的标本和病理切片，做出各器官的综合性病理诊断；或根据所提供的尸检病理所见摘要做出各器官病理诊断。

（3）进行临床病理分析。注意分析所观察到的病变是否与临床表现相符合。

（4）做出病例的主要病理诊断，并分析哪些是并发的和继发的疾病或病变。

（5）查明死亡原因。根据致死性疾病或病变，或根据临床病情、经过和病变进行分析，得出可能的死因。

（姜　霞）

三、实验报告书写

书写病理实验报告是病理学的基本技能或基本功。在书写实验报告过程中，可以提高观察组织的病变特点，分析和描述病变的能力，对培养临床医师书写病历、手术记录、分析临床症状及科学研究均有帮助。首先，应按照实验报告的基本要求进行书写，即要求结构完整、条理分明、文字简练、书写工整等，文字措辞应注意其科学性和逻辑性。一般包括以下内容：姓名、班级、组别、日期、实验名称、实验目的、实验原理、实验动物（包括种类、数量、性别、体重）、实验方法、实验结果、实验诊断、讨论和结论等。其次，病理学实验主要分为病理形态实验、病理机能实验和临床病理讨论三种类型，因此实验报告的书写也有不同的要求和形式。

（一）病理形态实验报告

（1）形态部分实验报告包括对某些指定标本的描述、绘图、诊断及指定分析某些病例或解答思考题。通过实验报告，培养认真准确记录科学结果的作风。

（2）病理切片的绘图要注意真实、正确、简洁、清晰。在观察个别现象基础上加以分析综合，找出主要的病变。注意组织和细胞的形状、大小比例、相互距离、位置关系、颜色等符合客观情况的病变特点。绘图面积要适当，四周要留边，注明标本编号，放大倍数等，根据要求加以注解或说明。

（3）病变描述要求逻辑性强、条理清楚、掌握重点、文字通顺，正确运用好病理学术语。

（4）病理诊断：通过病变描述，加以分析、综合，最后得出病理诊断。

（5）实验报告书写格式

病理学实验报告

姓名___ 学号____班组___ 实验室号___日期___

第十四章　传染病实验报告

一、实验目的要求

二、实验内容

三、绘图（或其他内容）：淋巴结结核绘图

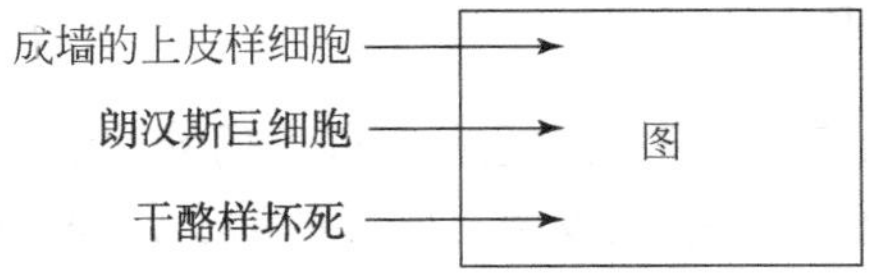

四、组织切片观察与描述

（1）低倍镜：可见正常淋巴组织结构，在淋巴细胞中可见散在结节状病灶及灶性红染无结构、颗粒状物质，即干酪样坏死。

（2）高倍镜：结节状病灶由上皮样细胞、朗汉斯巨细胞、干酪样坏死及周围的成纤维细胞和淋巴细胞等构成，即结核结节（对上皮样细胞和朗汉斯巨细胞可详细描述）。

（3）病理诊断：（左颈部）淋巴结结核。

（二）病理机能实验报告

（1）机能实验所得的结果，一般叫原始资料。主要有两大类，一类是测量资料，以数据大小来表示某种变化的程度，如血压、心率、尿量、呼吸频率等。这类资料可由测量仪中读出，也可通过测量所描记的曲线得到。另一类是计数资料，是清点数目所得到的结果，如记录的动物死活数、阴阳性反应数等。另外实验的结果也可有曲线和照片等。

（2）要忠实地、准确地对观察到的数据及时加以记录。

（3）实验报告书写格式

病理学实验报告

姓名______ 学号_______班组______ 实验室号_______日期______

一、实验题目

二、实验目的

三、实验动物：种类、性别、体重、数量，健康状况或一般情况。

四、实验方法：原则上应写出，因实验指导已写清楚，一般从略。如果仪器、药品或方法临时有所变更，可做简短说明。

五、实验结果：是实验中最重要的部分。应将实验过程中观察到的现象，根据实验目的实事求是地记述。记述方式包括三种：

（1）文字描述：用文字将观察到的，与实验目的有关的现象客观地加以描述。描述时要有时间概念和顺序。

（2）曲线图：实验中描记的血压、呼吸等可用曲线图表示，也可取其明显变化的有关各段（不同的时相点），用直线图表示。

（3）表格等：能较为清楚地反映客观内容，有利于相互对比。每一图表应说明一定的中心问题，应有表目及计量单位。

可把由记录系统描记的曲线、统计的数据直接贴在实验报告上，或自己绘制简图，并附以图注、标号及必要的文字说明。如果观察项目较多，亦可分步骤写实验结果。

六、实验讨论：讨论是根据所学的理论知识对实验结果进行分析、推理、逐步导向结论的思维过程。讨论必须依据本组的实验结果，如果本组因故未能完成，则应认真总结本实验失败的原因和教训，并另安排时间补做。

七、实验小结：通过分析讨论，对本次实验所能验证的概念、原理和理论，用简明扼要的文字做一概括。其中也可以包括个人的体会和经验教训。

（三）临床病理讨论实验报告

（1）病理学教学的目的就是引导学生学会从某种疾病的发生发展、形态改变和功能变化上全面客观认识疾病，尤其应提高学生对疾病发生、发展的动态认识。临床病理讨论是针对学生已学的病理理论知识，为学生选择典型的病例，并提供完整的临床资料，包括病史、体征、病程变化、各科检查结果、诊疗过程及病理形态学发现等。通过对病例的讨论，指导学生分析病变与临床表现之间的因果关系，以做出正确的临床病理诊断。

（2）对每个病例，要求从病理变化、病理过程和发病机制三个方面来进行讨论，重点说明病理过程的改变，发病机制是什么？各病理过程和发病机制之间有什么联系？

（3）实验报告书写格式

病理学实验报告

姓名____ 学号____班组___ 实验室号___日期__

一、标题：临床病理讨论——××××

二、病史资料

（1）性别、年龄、职业

（2）主诉及现病史

（3）体检（全身情况，专科检查，软组织情况等）

（4）初步诊断
（5）治疗过程
（6）治疗结果
（7）辅助检查
三、病例讨论
（1）患者初步诊断及诊断依据是什么？
　　1）患者初步诊断是什么？
　　2）患者第一诊断依据是什么？
（2）临床病理联系
　　1）临床表现与病理形态
　　2）临床表现的病理生理基础
（3）患者的第一鉴别诊断依据是什么？
　　1）鉴别诊断名称
　　2）支持点
　　3）不支持点
　　4）结论（是否能排除？下一步诊断措施是什么？）

（李　萍）

第二篇 病理学实验基本技能

一、病理组织常规制片技术

在病理学实验课中，经常需要观察大体病理标本和镜下切片标本，为了能更好地掌握实验课中所学的知识和内容，尤其是镜下标本，熟悉病理组织的制片技术是非常重要的，这对能否看好切片有很大帮助。

组织常规制片技术是指从生物体上取出的各种组织块经过一系列的处理后，将其制成切片标本。组织切片方法很多，大致分为两种：一种是组织切片法，如石蜡切片、冷冻切片、火棉胶切片等。另一种是非组织切片法，如涂片、印片法等。其中石蜡切片是日常病理检验工作中最常用的制片方法，其次是冷冻切片。

组织常规制片技术包括制备组织蜡块（或冷冻组织块）、切片、染色和封片等过程。每个过程又分多个步骤，如组织蜡块的制备这一过程，要经过取材、固定、脱水、透明、浸蜡、包埋等多个步骤，这些步骤和过程环环相扣并相互影响，每一过程、每一步都非常重要，无论其中任何一步处理不当，都会影响到切片的质量。下面就以石蜡切片为例，分述整个制片过程。

（一）组织蜡块的制备

1. 组织的取材与固定

（1）取材：是从大体标本上，根据实验的目的和要求及病变的程度而切取适当大小的组织材料。取材有活体组织取材法、尸检组织取材法。活体组织在手术切取或活检后应立即放入 10% 甲醛溶液中固定；而尸检组织应在死亡后尽可能短的时间内取材。取材的正确与否直接影响到病理诊断的结果。一张好的切片与取材和固定有着密切的关系，在组织取材时还应注意以下几点。①及早取材，越新鲜越好。②取材刀要锋利，宜一刀切平整，避免用钝刀片前后拉动或用力挤压组织。③标本的大小一般以 1.5cm × 1.5cm × （0.2 ～ 0.3）cm 为宜。取材时，需取主要病灶及病灶与正常组织交界处、边缘周围的组织。并注意病变的部位、形状、大小、颜色、有无包膜等。④为区别脏器的不同部位，可将组织分别切成不同形状（三角形，方形、梯形等）。⑤活体小块组织要包好，以免丢失。⑥取材后要标记检验号，以防混乱造成差错。取材后剩余组织应保留，以备复检、特染、教学和科研之用。

（2）固定：是将需保留制成标本的脏器或病变组织取材，浸入固定液内，快速杀死细胞，使组织和细胞尽可能保持原有的形态结构和所含的各种物质成分；防止细胞自溶与腐败；经过固定，使细胞内的蛋白质凝固，并使其定位在细胞内原有的部位，有利于其后的准确定位；保持组织细胞内的抗原性，有利于免疫组化染色时的抗原抗体结合反应；同时还可使组织硬化，利于切片；使组织产生不同的折光率便于观察；某些固定液有助染作用，利于切片染色。固定时要注意：①被取材的组织要新鲜，取材后立即投入固定液中。②装固定液的容器要足够大，固定液的量要足，一般为标本体积的 10 ～ 20 倍。③大的标本，如心、肝、脾、肾等，在不影响病检的情况下要切开固定。④容易漂浮的组织固定时，要采取合适的方法让组织完全浸没在固定液中，避免固定不完全。⑤容器上标签要注明材料名称、固定液名称、固定时间等信息。

⑥固定时间根据组织块大小、厚度、固定时的温度及固定液的种类而定，一般的材料固定时间为 10 ～ 24 小时，大的材料为 1 ～ 2 天，甚至数天。

固定液一般分为单纯固定液和混合固定液， 单纯固定液为单一的化学试剂，如即甲醛、乙醇（酒精）、升汞、重铬酸钾、锇酸等；混合固定液一般采用两种或两种以上的化学试剂，按一定比例混合而成，常用的有：10% 甲醛固定液，中性甲醛固定液，4% 多聚甲醛固定液，Bouin 固定液，FAA 固定液，Zenker 固定液等。

固定后的组织（除乙醇固定外）必须彻底清洗。用水配制的固定液可用流水冲洗，一般 12 ～ 24 小时，小动物组织 2~10 小时；含乙醇的固定液可用乙醇冲洗，浓度为与固定液中相似的乙醇浓度即可；由特殊固定液固定的组织，要选择相应的方法洗涤。

（3）脱钙：骨和已钙化的病变组织，必须脱去钙盐才能切片。常用的脱钙液：①盐酸脱钙液：盐酸和甲酸各 20ml，蒸馏水 100ml。② 5%硝酸溶液，一般需 1 ～ 3 天 ；脱钙后流水冲洗干净。

2. 脱水、透明

（1）脱水：是应用脱水剂将组织内的水分置换出来，以使透明剂渗透到组织中，同时组织又不出现收缩变形等改变。常用的脱水剂有乙醇、丙酮、正丁醇、松脂醇等。

（2）透明：是组织经脱水后，用既能与脱水剂混合又能与石蜡混合的试剂，将脱水剂置换出来，使石蜡均匀渗透进去。二甲苯既溶于乙醇又溶解石蜡，为广泛应用的透明剂，此外，还有氯仿、香柏油、松油醇等。

3. 浸蜡和包埋 是完成同一目的的两个步骤，即组织材料在完全透明后，浸在石蜡中的过程就是浸蜡。组织块经透明后，置入熔化的石蜡中浸渗，一般为 2 ～ 8 小时。浸蜡的目的在于，将组织材料中的二甲苯（或其他透明剂）除去，而代之以石蜡，使石蜡均匀浸渗至组织中，使组织的硬度与石蜡的硬度相似以利于切片，然后将浸蜡后的组织块利用特制的包埋工具，用石蜡将其包埋起来，即为包埋。包埋用蜡的熔点要与最后一次浸蜡的石蜡熔点相一致，最后，当石蜡温度降低凝固后，组织块被埋藏在石蜡中而成为一个组织蜡块。

（二）切片

切片是将制备好的组织蜡块切成很薄的蜡片，以便染色后，在光学显微镜下能观察细胞的形态结构和病变情况。这一步骤是制片中的重要一环。其方法是：将制备好的组织蜡块，利用石蜡切片机切成一定厚度的蜡片，然后将切出的蜡片放在一定温度的展片机中展开，再将展开的蜡片附着在载玻片上，最后将附有组织材料的蜡片烤干。这样经展片、附贴、烤片后即可进入染色，切片厚度一般为 5μm 左右。

（三）染色

1. 染色方式及染料种类 当组织标本制成切片后，为了观察和鉴别其形态结构或物质成分有无异常，用适当的染料进行染色。 组织因结构不同而着色不同，深浅不一。染色的种类很多，通常分为两类：即普通染色法和特殊染色法。普通（常规）染色即苏木精（hematoxylin）- 伊红（eosin）染色法，简称 HE 染色。在 HE 染色中，具有酸性的细胞核被碱性的苏木精染成蓝色，而碱性的胞质被酸性染料伊红染成红色。其结果为胞核呈蓝色，胞质呈红色。从物理现象看，主要有吸附、吸收之说。特殊染色法是针对不同组织或组织内不同的物质而采用的特殊的染色方法（略）。几种常用染料介绍如下：

（1）苏木精：本身无染色能力，必须在媒染剂的作用下氧化为苏木红才具有染色作用。用于细胞核染色。

（2）碱性品红：常用其配制成雪夫试剂，染糖类、黏液、弹力纤维及抗酸杆菌等。

（3）甲苯胺蓝：用于染黏多糖类、肥大细胞和神经细胞的尼氏小体。

（4）伊红：用于细胞质染色。还可显示细胞的嗜酸性颗粒，故将这种细胞颗粒称嗜伊红颗粒。

（5）苏丹Ⅲ：用于脂肪染色，可将脂肪染成橘红色。

2. HE 染色一般程序

（1）脱蜡水洗：染色前先用二甲苯溶解切片上的石蜡，再用浓度级差的各级乙醇洗掉二甲苯，最后至自来水、蒸馏水洗后方可进行染色。

（2）染色步骤如下：苏木精染色 5 ～ 15 分钟→自来水洗→ 1%盐酸乙醇分化数秒钟→自来水洗→弱碱性水溶液显蓝数秒钟→自来水洗、蒸馏水洗→ 0.5%水溶性伊红染液 5 ～ 15 分钟→自来水洗→蒸馏水。

（四）脱水、透明、封片

染色完成后，要将切片再经脱水和透明，直至最后封片。具体方法是将染好颜色的切片由蒸馏水，经 70%乙醇，80%乙醇，95%乙醇，无水乙醇Ⅰ、Ⅱ至二甲苯 Ⅰ、Ⅱ逐级脱水和透明，然后用中性树胶封片。封片时注意避免产生气泡。

二、病理学动物实验的基本操作技术

（一）动物实验的基本知识

1. 常用实验动物介绍 病理生理学实验以动物实验为主，但采取何种动物是决定实验成功与否的一个重要问题。一般应针对实验目的，根据实验动物的生物学特性及复制动物疾病模型的经验选择实验动物。目前用于教学、研究的最常用和用量最大的实验动物主要包括哺乳纲啮齿目动物，如小鼠、大鼠、豚鼠等，其次是兔形目和食肉目的兔、狗、猫等。虽然非人灵长类动物在生物进化及解剖结构等方面都与人十分接近，是医学研究领域中理想的实验动物，但是由于其数量有限，繁殖较慢，价格昂贵，饲养管理费用高，所以在使用中受到一定限制。

2. 几种常用实验动物的特点和用途

（1）家兔：属于哺乳类动物，其生理特性与人类相接近，可用于复制许多病理过程和疾病，如水肿、发热、炎症、失血性休克、动脉粥样硬化、慢性肺心病、肝炎、肾炎等。家兔的主要特点有：①性情温顺、繁殖率高，容易选出条件类似的家兔分组配对比较。②在家兔身上容易做到颈动脉压、股动脉压、肺小动脉压、中心静脉压等指标的直接描记。③价格低廉、饲养容易。

（2）小白鼠：较常用，体型较小，可以复制如水肿、炎症、缺氧、肿瘤、多种传染病等许多病理过程和疾病。小白鼠的主要特点有：①小白鼠可以进行大量繁殖，容易满足实验对动物同种、纯种、性别和年龄等方面的要求。②小白鼠对许多疾病有易感性，因而适用于研究这类疾病，如血吸虫病、脑炎等。③小白鼠价格低廉，生活条件容易控制，并因其器官较小而在做某些检直（如电镜）时，可节约人力和物力。④小白鼠对外界环境适应性差，不耐冷热，难经饥饱，比较娇嫩，故实验时宜耐心细致、动作轻柔，以免干扰实验结果。

（3）大白鼠：系哺乳类动物，其形体较小白鼠大，常用于复制如水肿、炎症、缺氧、休克、弥散性血管内凝血（DIC）、心肌梗死、肝炎、各种肿瘤等许多病理过程和疾病。大白鼠主要特点有：①大白鼠生活条件容易控制，便于大量繁殖，也容易满足实验对其同种、纯种、性别、年龄的要求，尤其适用于需要大量动物而小白鼠又不能达到实验要求的实验，如亚硝胺可诱发大白鼠食管癌，而小白鼠则很少发生。②适用于需要较大体型动物的实验，如可以直接记录血压和研究休克，DIC 时血液循环的改变。

（二）动物实验的操作技术

1. 动物实验基本技术

（1）常用实验动物年龄、健康判定、个体选择、性别辨认：动物年龄、性别、健康状态和个体差异对实验结果常有直接影响，动物实验时宜选用性别、年龄一致或接近，个体状态大致相同的健康、活泼的动物作为实验对象，并按随机原则分到实验组和对照组。

1）哺乳类动物健康状态的判定：健康者喜活动，喜吃食，发育良好，肌肉丰满，反应灵活；眼睛明亮，瞳孔清晰，结膜不充血；皮毛柔软光泽，皮肤无破损、感染；中部不膨大、无腹泻（肛周无稀便或分泌物污染）。

2）动物年龄的判断：一般常选用发育成熟的青壮年动物。由于一般实验室难以知道其确切年龄而常根据某些生理特征和体重判断其年龄。

3）哺乳类动物性别辨认方法（表 2-1）：

表 2-1　哺乳动物的性别辨认方法

	雄	雌
体型	体大，躯干前部较发达	体小，躯干后部较发达
性征	拨开生殖孔有性器官突出，有时见睾丸	乳头较明显
其他	肛门和外生殖器距离较远	肛门和外生殖器距离较近

（2）动物的捉拿和固定方法：动物的捉拿和固定是进行动物实验的基本操作之一，正确地抓取固定动物是为了不损害动物健康，不影响观察指标，并防止被动物咬伤，保证实验顺利进行。下面介绍几种常用动物的捉拿和固定方法。

1）家兔的捉拿和固定：家兔习性温顺，较易捕捉，但也应避免被抓伤。捉拿时应切忌用手抓提兔耳、拖拉四肢或提拿腰背部；正确的方法是以用右手抓住其项背部皮毛，轻提动物，将兔拉至笼门口，头朝外，迅速用左手托住其臀部，使兔的体重主要落在左手掌心（图 2-1）。家兔仰卧位兔台固定法：先用四条 1cm 宽布带做成活套，分别套在家兔四肢的腕和踝关节上方，抽紧布带后将兔仰卧于兔台上；一般先将后肢固定在兔台的尾端并系在兔台木桩上以免动物烦躁时滑动，再以同样方法固定前肢并系在兔台头端的木桩上，然后用粗棉线将家兔上门齿固定在兔台头端的铁杆上（图 2-2）。此固定法常用于观察血压、呼吸和进行颈、胸、腹部手术，是最常用的一种固定方法。

图 2-1　家兔的正确捉拿方法

图 2-2　家兔手术台固定法

2）小白鼠的捉拿和固定：小白鼠较大白鼠温和，虽然性情温顺，但也要提防被其咬伤手指，毋需戴手套捕捉。捉拿时，先用右手抓住鼠尾，提起或放在左手上（图 2-3）。固定时，将小鼠置于鼠笼或实验台上，将鼠尾向后轻拉，当其向前挣脱时，用左手拇指和食指抓住小鼠两耳后的项背部皮肤，使其头部不能转动，翻转小鼠身体，将鼠体置于左手掌，用中指与掌心夹住背部皮肤，以无名指及小指按住鼠尾以固定小鼠（图 2-4）。右手进行操作。

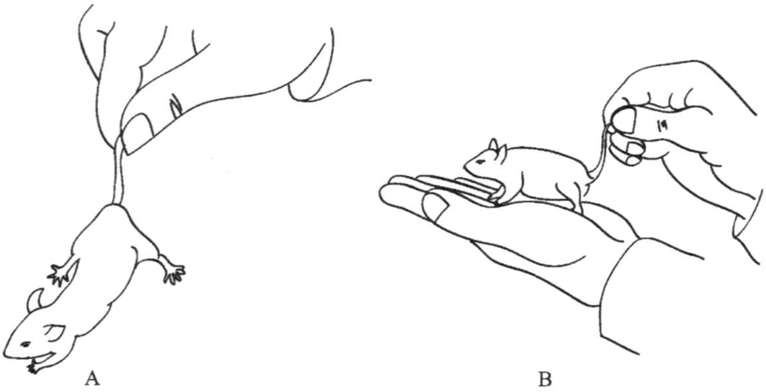

图 2-3　小鼠的抓取方法

A. 抓住提起鼠尾；B. 将小鼠放在左手上

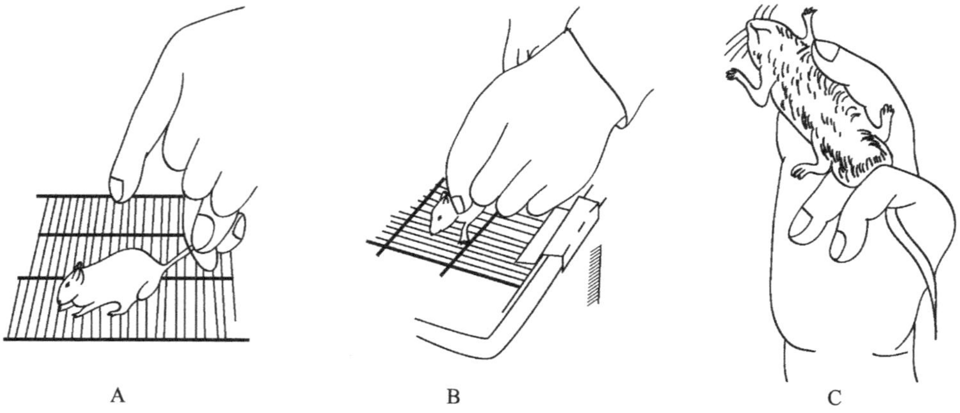

图 2-4　小鼠的固定方法

A. 置小鼠于鼠笼上；B. 抓住小鼠两耳后的项背部皮肤；C. 将鼠体置于手心以固定小鼠

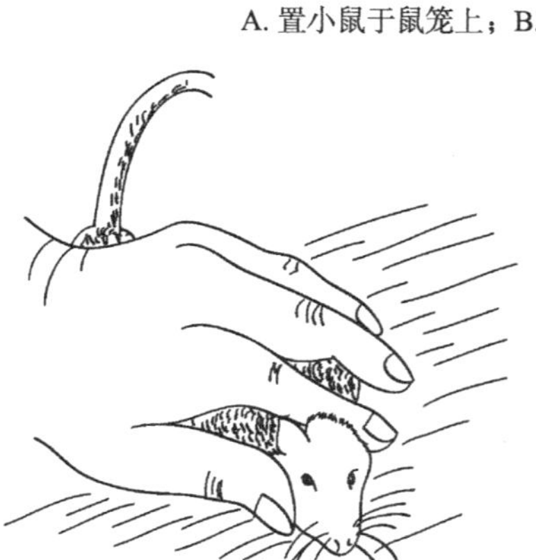
图 2-5　大鼠的抓取

3）大白鼠的捉拿和固定：大白鼠较小白鼠凶狠，牙齿锋利，要提防被其咬伤，捉拿时最好戴上厚实的帆布手套。先用右手捉住其尾巴，置于实验台上，以左手拇指和食指抓其两耳后的项背部皮肤，用中指与掌心夹住背部皮肤，以无名指及小指挟住鼠尾，将鼠牢牢抓住固定在左手掌中（图 2-5），右手即可进行操作。

（3）动物被毛的去除和处死方法

1）动物被毛的去除方法：常用剪毛、拔毛和脱毛三种方法。剪毛是在动物固定后，将皮肤切口两侧各 1.5 ～ 2.0cm 范围内的被毛剪去，使用粗剪刀剪毛，剪毛时注意将剪刀放平，贴紧皮肤，切忌用手拉起皮肤剪毛，以免剪破皮肤；剪下的毛随时放于装水的容器内，不要随手乱丢或用嘴吹造成飞扬，以免散在手术视野或兔台周围，应保证手术野的清洁，并防止注射器将毛夹入而难以吸注。兔耳静脉注射时，常用拇指和食指将局部被毛拔除，以利操作。脱毛法系用化学药品配成的脱毛剂将动物局部被毛脱去，一般实验少用。脱毛剂：硫化钠、肥皂粉、淀粉为 3 ∶ 1 ∶ 7。

2）动物的处死方法：①脊椎脱臼法：用外力使颈椎脱臼，鼠类常用此法。即右手抓住鼠尾用力向后拉，同时左手拇、食指用力向下按住鼠头，将脊髓与脑髓拉断，鼠即死亡。②空气栓塞法：家兔常用此法，将 20ml 左右空气由耳缘静脉快速注入，使之发生栓塞而死亡。应指出的是，空气栓塞法处死动物虽然迅速方便，但各脏器缺血明显，脑和心可发生人为性病变（心内膜下淤血和脑组织变质）。③放血法：家兔也可以用颈外静脉和股动脉放血的方法处死。

（4）实验动物的麻醉方法：动物麻醉分全身麻醉和局部麻醉。

1）局部麻醉：一般采用 1% 普鲁卡因溶液作为麻醉剂。操作方法：将动物固定，局部手术野去毛，用左手拇指及中指将动物的局部皮肤提起使成一皱折，并用食指按压皱折的一端，使成三角体，增大皮下空隙，以利针刺。右手持装有麻醉药品的注射器，自皱折刺入皮下（有突破感和无阻力感），并将针头平行地全部扎入，当确认针头在皮下时即可松开皱折注入药液，边注药边向后退移针头，同时注意向两侧注药，直至整个手术切口部位完全被麻醉药浸润为止，拔出针头，用手轻轻揉捏注射部位皮肤，以使药液均匀弥散。注射完后 1 分钟左右即可手术。

2）全身麻醉：方法有乙醚吸入麻醉、腹腔注射麻醉和静脉注射麻醉等。①乙醚吸入麻醉：乙醚可用于多种动物的麻醉。给小动物麻醉时，可将蘸湿乙醚的棉花和小动物一起放入钟罩内，并密切观察动物的反应，如呼吸频率变化和活动情况，当动物发生瘫软时，说明麻醉已发生效应，可移开钟罩和棉花。注意不可吸入乙醚过量，否则会引起动物死亡。给大动物如家兔实施麻醉时，可将蘸湿乙醚的棉花放在一大烧杯中，将家兔头部固定，将烧杯套在家兔口鼻部，使其吸入杯中乙醚气体，同时检查家兔角膜反射和四肢张力，一旦发生角膜反射消失，四肢张力减弱或消失，即告麻醉成功。②注射麻醉：可通过腹腔或静脉注入麻醉药实施麻醉。用于麻醉的药品种类也有多种。不同药物给药途径和剂量也不同。

2. 实验动物常用手术方法 病理生理学动物实验中常用的手术有以下几种：

（1）皮肤切开及分离：动物麻醉固定后，根据实验需要确定切口部位及大小，在切口沿线的中点两侧，分别用血管钳向两侧夹起皮肤，用手术剪在两血管钳之间的皮肤上剪一小口，将剪刀伸进切口，贴紧并挑起皮肤撑开剪刀以钝性分离皮下组织，然后小心剪开皮肤。分离下面的组织避免使用剪刀，以免发生出血，尽可能做钝性分离。

（2）止血：在手术过程中，必须注意及时止血。微血管渗血，用温热盐水纱布轻压即可止血；干纱布只用于吸血，不可用于揩擦组织，以防组织损伤和血凝块脱落。较大血管出血，需先用止血钳将出血点及其周围的少许部分组织一并夹住，然后用线结扎。更大血管出血，或血管虽不很大，但出血点较多且比较集中（如肌肉的横断面），最好用针线缝过局部组织，进行贯穿结扎，以免结线松脱。大动脉破裂出血时，切不可用有齿的镊子或血管钳直接夹住管壁，而应先用纱布压住出血部位，吸干血后，小心打开纱布，观察出血点位置，迅速用手指捏住动脉破裂处，用动脉夹夹住血管近心端，再做进一步处理。在实验间歇期间，应将创口暂闭合，并用温盐水纱布盖好，以防组织干燥和体内热量散失。

（3）实验动物的取血方法

1）小鼠、大鼠的取血法

A. 断头取血法：这是常用简便的一种取血法，操作时抓住动物，用剪刀剪掉头部，立即将鼠颈部向下，提起动物，并对准已准备好的容器（内放抗凝剂），鼠血快速滴入容器内。

B. 眼眶后静脉丛取血：①方法一：左手拇指和中指捏住小白鼠两耳间头皮轻轻向下压迫颈部两侧（可阻断静脉回流），使眼球外突，手持眼科剪将眼球取出，球后静脉丛的血液即可自行流出，立即用注射器取血（取血时最好不用针头，以免血液凝固而阻塞针孔）。②方法二：用玻璃毛细管，内径为 1.0 ～ 1.5mm，临用前折断成 1.0 ～ 1.5cm 长的毛细管段，浸入 1% 肝素溶液中，取出干燥。取血时左手抓住鼠两耳之间的颈背部皮肤，使头部固定，并轻轻向下压迫颈部两侧，右手持毛细管，将新折断端插入其眼睑与眼球之间后，轻轻向眼底部方向移动，并旋转毛细管以切开静脉丛，保持毛细管水平位，血液即流出，以事先准备的容器接收。取血完成后，立即拔出玻璃毛细管，放松左手即可止血。小鼠、大鼠、豚鼠及家兔均采取此法取血。其特点是可根据实验需要，在数分钟内在同一部位反复取血。

C. 尾尖取血：这种方法适用于采取小量血样。固定动物并露出尾巴，将尾部剪毛消毒，取血前宜先使鼠尾血管充血，室温低时，可用热吹风吹，然后剪去尾尖，血即自尾尖流出。

D. 心脏取血：左手抓住鼠背及颈部皮肤，右手持注射器，在心尖搏动最明显处刺入心室，抽出血液。动作轻巧，否则，取血后动物可能死亡。

2）兔的取血法

A. 耳缘静脉取血法：以小血管夹夹住耳根部，用酒精棉球沿耳缘静脉反复揉擦，使血管扩张。以粗针头插入耳缘静脉，拔出针头血即流出。

B. 颈动脉取血：先做颈动脉暴露手术，术毕取血时，打开动脉夹放出所需之血量，而后夹闭动脉夹。这样可以按照所需时间反复取血。但该动物只能利用一次。

3. 实验动物的给药途径和方法

（1）给药途径

1）根据药物的性质选择给药途径 : 经口给药是最常见的给药途径。具有刺激性的药物不适于皮下、肌内和腹腔注射，只能经口给药或静脉注射，显然经口给药比静脉注射更为简便，粗制剂或水不能溶解的药物经口给药较适宜，遇在消化道破坏或吸收不好的药则应注射给药。具有催吐作用的药不宜经口给猫、犬和猴用药，因为动物呕吐时将部分药物吐出，影响实验的精确性，这时可采用注射的途径；鼠和兔不会呕吐，所以可经口给药。

2）根据实验要求选择给药途径 : 要求药物作用出现快的时候可采用注射途径（腹腔、静脉）。要使药物的作用相对延长时，可注射油溶液或混悬液。

3）根据药物剂型选择给药途径 : 水溶液可采用任何给药途径，油溶液可经口给药，如需注射时，一般可用肌内注射，小鼠可采用皮下注射，但要注意给药部位是否完全吸收。

（2）给药方法

1）经口给药：口服法和灌胃法

A. 口服法：一般可将药物直接送入动物舌根处，并迅速合上动物口腔，将其头部抬高，使其自然吞咽。还可将药物放在食料或溶于饮水中，由动物自由摄取，但剂量难于保证准确。

B. 灌胃法

a. 鼠类：先将灌胃针连接在注射器上，吸取药液备用，左手固定住动物，并呈垂直体位，右手持注射器，将灌胃针插入动物口中，沿咽后壁缓缓插入食管，将药液注入。如插入时遇阻力或动物挣扎时应停止进针或将针退出，以免损伤食管或误入气管。一般小鼠的插入深度为 3 ～ 4cm，灌胃量为 0.1 ～ 0.3ml/10g，大鼠或豚鼠的插入深度为 4 ～ 6cm，灌胃量为 1 ～ 2ml/100g。

b. 兔：给兔灌胃要借助开口器和灌胃管，捉取动物后先将动物固定住，再将开口器固定于动物上下门牙之间，将灌胃管从开口器的小孔中插入，沿咽后壁插入食管。检查胃管是否插入食管，此时，可将胃管的外端置于一盛水容器中，若无气泡产生，表明胃管是在食管中，可将药液由注射器从胃管中推入。

2）注射给药

A. 皮下注射：以左手拇指和食指提起皮肤，将连有针头的注射器刺入皮下即可注射。

B. 腹腔注射：对大、小白鼠进行腹腔注射时，先以左手抓住动物，使腹部向上，右手将注射针头于左（或右）下腹部刺入皮肤，并以 45° 角穿过腹肌进入腹腔，回抽无血，即可缓注药液。应注意的是为避免伤及内脏，可将动物处于头低位，使其内脏移向上腹。家兔腹腔注射的进针部位为下腹部的腹白线旁开 1cm 处。

C. 静脉注射

a. 家兔：静脉注射最常采用耳缘静脉注射。兔耳血管的分布特点是中央为动脉，内外缘为静脉（图 2-6），由于外缘静脉表浅，容易固定而常用，内缘静脉较深，不容易固定而不采用。耳缘静脉注射时，先拔去注射部位的被毛，用手指弹动或轻柔兔耳，使其静脉扩张充盈，左手食指和中指夹住静脉的近端，拇指绷紧静脉的远端，无名指及小指垫在兔耳下面，右手持注射器，将针头尽量从静脉远端以向心方向刺入，移动左手拇指固定针头，放开食指和中指，将药液缓缓注入（图 2-7），药物注射完毕拔出针头后，用手指压迫针眼片刻以止血。

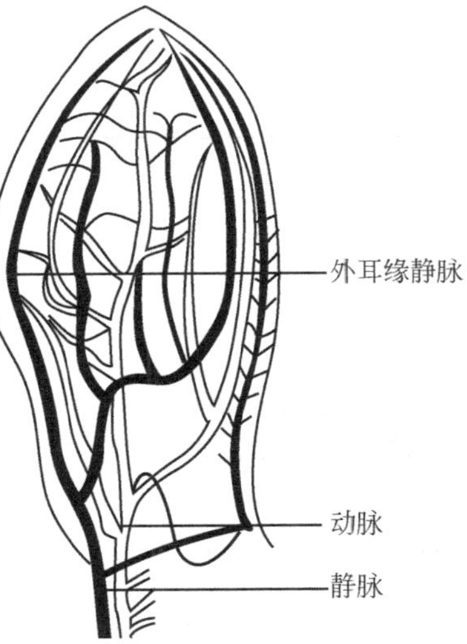

图 2-6　兔耳部血管分布

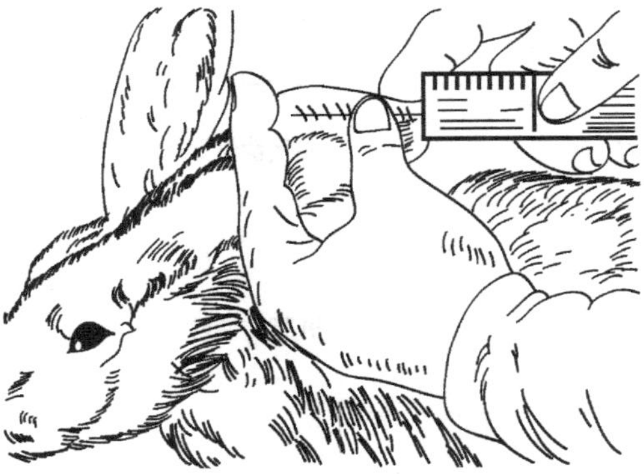

图 2-7　兔耳静脉注射方法

b. 小白鼠（和大白鼠）：一般多采用鼠尾静脉注射。鼠尾血管分布特点是静脉有三根，位于左、右两侧及背侧，而腹侧有一根动脉。左右两侧鼠尾静脉比较容易固定而常用。背侧一根也可采用，但其位置容易移动。操作时先将动物固定在鼠筒内或自制的纸盒中，使鼠尾露出，再用二甲苯或乙醇擦拭尾部使其血管扩张，以左手拇指和食指捏住鼠尾两侧，使静脉充盈，中指从下面托起鼠尾，无名指和小指夹住尾巴的末梢，右手持注射器使针头（4 1/2 号针头）与静脉平行（小于 30°），尽量从尾部末端向心方向刺入血管；先缓注少量药液，如无阻力，表示针头已进入静脉内，即可继续注射；注入完毕后将鼠尾向注射侧弯曲片刻以止血。

静脉注射应尽量从兔的耳缘静脉或鼠尾静脉的远端进针给药，以便需要反复注射或因注射失误而需重复注射时，进针部位可以逐渐前移。

（富　青）

第三篇　病理形态学实验

实验一　适应、损伤和修复

目的要求

（1）掌握萎缩的类型和形态特点。

（2）掌握细胞水肿、脂肪变性、玻璃样变性、坏死、坏疽的类型和形态特点。

（3）掌握肉芽组织的概念、形态特点与功能。

（4）熟悉肥大、增生、化生的概念、类型，瘢痕组织的概念、形态特点。

（5）了解创伤愈合的基本过程、类型。

【实验内容】

	肉眼标本	切片标本
萎缩	肾萎缩 心萎缩	心萎缩
肥大	心代偿性肥大	心代偿性肥大
化生		支气管黏膜鳞状上皮化生 胃黏膜肠上皮化生
变性	肝脂肪变性	肝细胞水肿 肾小管上皮细胞水肿 肝脂肪变性 脾小动脉玻璃样变性 病理性钙化
坏死	脾凝固性坏死（脾梗死） 肾干酪样坏死（肾结核） 肝液化性坏死（肝脓肿） 足干性坏疽 肠湿性坏疽	脾凝固性坏死 肾干酪样坏死 肝液化性坏死
修复	骨折愈合	瘢痕疙瘩 肉芽组织

标本的观察方法：肉眼标本按照先整体后局部，先表面后内部的顺序进行观察。辨别标本为何器官、组织或其中的一部分，是否肿大或缩小，有否变形；病灶具体位置等。注意与正常器官的结构进行对比来识别病变。

切片标本首先肉眼观察，了解整个切片大致情况（形状，颜色等）；再用低倍镜全面观察整体结构，辨别病变所在部位，与周围组织大致关系；在低倍镜观察的基础上，选择一个或几个病灶作为重点，转高倍镜观察组织的形态及病变的细微结构。

一、萎缩

1. 肾萎缩

肉眼观　①肾体积较正常缩小，质量减轻，颜色变深，表面呈细颗粒状，质地变韧。②标本从肾外缘纵行切开，显示肾实质及肾盂肾盏，可见肾盂明显扩张变形，内含结石；切面皮质变薄，皮髓质分界不清，部分萎缩明显处仅厚0.3cm，这是由于肾盂积水压迫所致，早期肾体积增大（图3-1）。③肾门处间质脂肪增多。

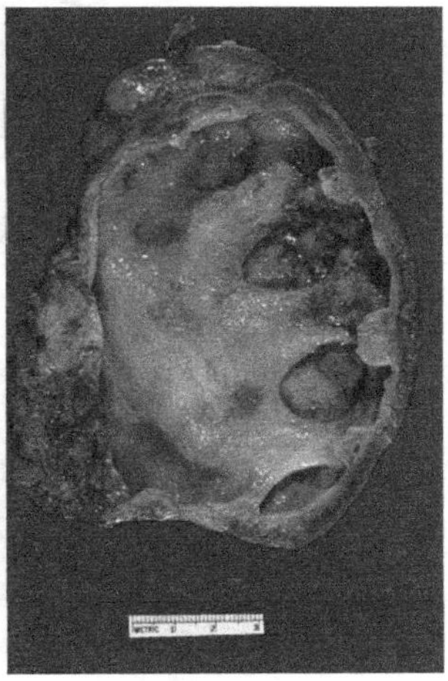

图3-1　肾压迫性萎缩

思考题　请结合标本分析肾盂扩张的原因。

2. 心萎缩

肉眼观　①心体积缩小、横径缩短，形状较正常狭长，心尖较锐；②心壁变薄，质量减轻，质地变韧，由于脂褐素增多，心肌颜色呈浅褐色；③心外膜脂肪增多，其表面冠状动脉因心脏缩小而相对延长弯曲如蛇行状，主动脉周径相对扩大。

低倍镜　心肌细胞数目减少，间质结缔组织略有增生。

高倍镜　萎缩的心肌纤维变细，但肌原纤维和横纹尚存在，细胞核的两端有大小不等黄褐色颗粒，此即脂褐素。

二、肥大

心代偿性肥大

肉眼观　心外观体积增大，以左心增大为主，质量增加；切开见左心室壁增厚，乳头肌及肉柱增粗变扁平；但心腔无明显扩张，为向心性肥大（图3-2）。

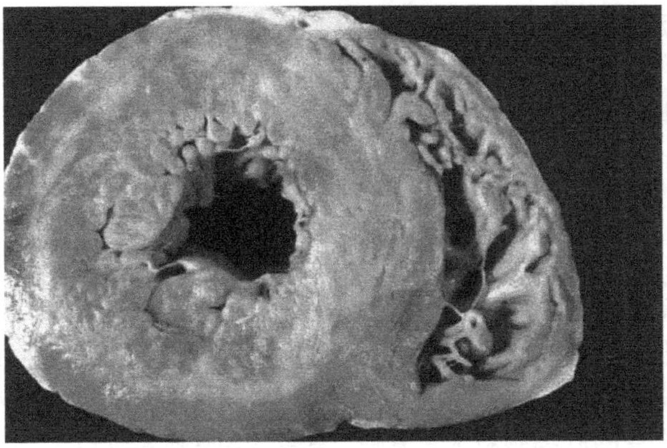

图3-2　心肌肥大

低倍镜　心肌细胞体积增大。

高倍镜　心肌细胞增粗、变长并有较多分支；细胞核大而深染、形状不规则。

思考题

（1）为什么长期患高血压病的患者会发生左心肥大？

（2）肥大的心肌细胞为何体积增大，核大而深染？

三、化生

1. 支气管黏膜鳞状上皮化生

低倍镜　①识别支气管及肺组织；②细小支气管管壁的黏膜大部分失去正常纤毛柱状上皮结构，而由复层鳞状上皮取代；③管壁增厚，各层均有不同程度的炎症细胞浸润（图 3-3）。

图 3-3　鳞状上皮化生

高倍镜　部分细支气管管壁的黏膜纤毛柱状上皮可见坏死脱落；增生的黏膜突向管腔，大部分失去正常纤毛柱状上皮结构，而由复层鳞状上皮取代，可见两种上皮的移行处覆盖的鳞状上皮细胞形状不一，紧靠基膜的一层细胞呈矮柱状，染色较深，基底层以上是数层多边形细胞，再上几层为梭形或扁平细胞。此为鳞状上皮化生。

思考题　何谓化生？常见的化生有哪些？

2. 胃黏膜肠上皮化生

低倍镜　用低倍镜全面观察整体结构，辨别胃组织黏膜处，可见大量的黏膜腺体，在腺体细胞之间呈空泡状结构的是杯状细胞，此部位的黏膜上皮为胃黏膜肠上皮化生的病变所在处。

高倍镜　黏膜层中固有腺体萎缩、减少或消失，腺体中出现了杯状细胞、潘氏细胞和肠的吸收上皮；间质纤维组织增生，有较多的炎细胞浸润及淋巴滤泡形成。

四、变性

1. 肝细胞水肿

低倍镜　肝小叶结构不清楚，肝细胞弥漫性肿大。肝索增宽、排列紊乱，肝窦变窄或消失，肝细胞水肿、胞质疏松化，有些肝细胞体积增大变圆、胞质几乎透亮，即为肝细胞气球样变。

高倍镜　①肝细胞体积增大、变圆，胞质淡染清亮；②有的细胞胞质内呈空泡状或疏松网状，细胞核位于中央；气球样变的肝细胞更大、更圆、更空。③肝血窦受肿大的肝细胞挤压变窄或消失。

2. 肾小管上皮细胞水肿

低倍镜　低倍镜下认出肾皮质内肾小球及其附近的近曲小管，然后着重观察近曲小管的形态变化，见管腔变小且形态不规则。

高倍镜　①肾皮质内可见肾近曲小管的上皮细胞肿胀，细胞之间界线不清。②胞质向管腔内突出，使管腔狭窄而参差不齐，细胞质内充满无数大小相仿，嗜伊红色的细小颗粒（用稍暗的光线观察则更清楚，即为肿胀的线粒体和扩张的内质网）；细胞核因胞质内颗粒遮盖而模糊不清。

③在少数肾小管管腔内尚可见红染的颗粒状蛋白性物质堆积。④间质中毛细血管受压不易见到（图3-4）。

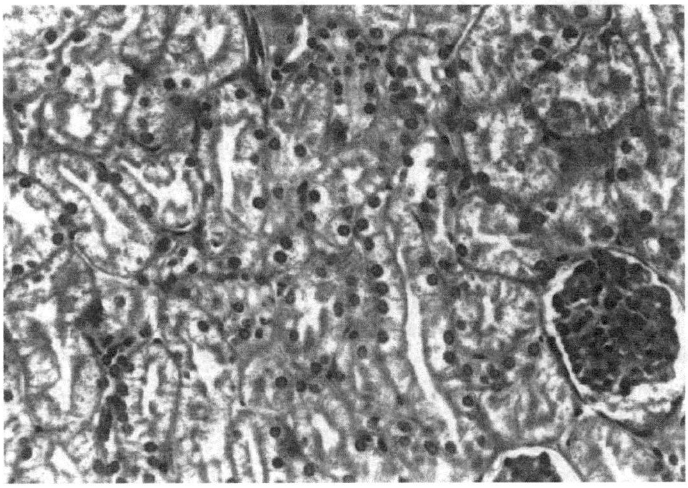

图 3-4　肾小管上皮细胞水肿

思考题　当肾小管腔内有红染的颗粒状蛋白性物质堆积时，试问患者可能有何临床表现？

3. 肝脂肪变性

肉眼观　肝表面呈黄色，包膜光滑紧张，说明肝大。切面可见肝呈黄色隆起，边缘外翻，血管因无病变，略显内陷，质地较软，触之油腻感，是肝脂肪变伴浊肿的表现。

低倍镜　肝小叶结构存在，小叶中央部分肝细胞内有大小不等的圆形空泡，这是脂肪变的特点。脂肪变处肝索明显增粗变宽，排列紊乱，肝窦狭窄，甚至消失（图3-5）。

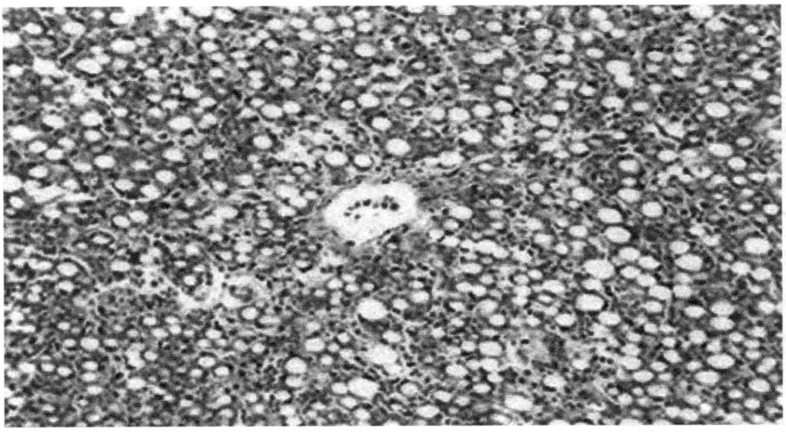

图 3-5　肝脂肪变性

高倍镜　脂肪变为圆形边界清楚的空泡，位于胞质内。重度脂肪变的肝细胞其胞核被细胞质内蓄积的脂滴空泡压向一侧而呈半月形，形似脂肪细胞。

思考题　肝脂肪变的原因及结局如何？为何脂肪变与浊肿可发生在同一器官？

4. 脾小动脉玻璃样变

低倍镜　①组织外覆有纤维结缔组织构成的被膜，被膜向实质深入，形成许多不规则小梁的断面，血管穿行于小梁内，在小梁之间淋巴细胞密集成团处是脾小体（白髓），其余均由血窦和

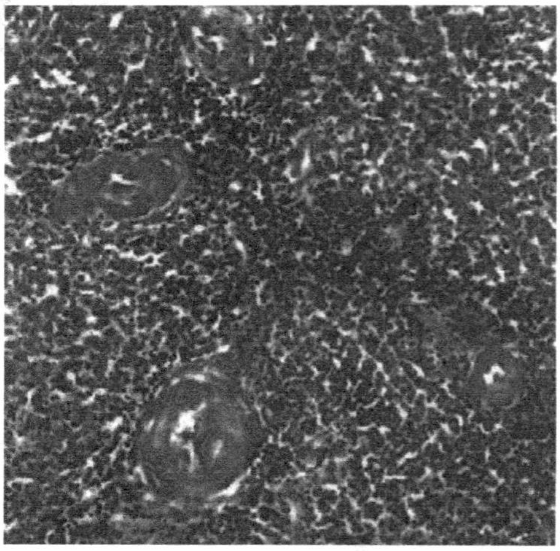

图 3-6　脾细动脉玻璃样变

髓索构成（红髓）。②脾小体中央小动脉断面数目增多，此为脾实质萎缩及小动脉变硬而弯曲所致，脾小体体积变小。③被膜增厚皱缩。

高倍镜　观察脾小体，其中央或边缘有小动脉，称为中央动脉。中央动脉管壁增厚，原有的正常层次不能辨认，内膜与肌层分界不清而呈多量均匀、致密红染、无结构的物质沉积，造成管壁增厚，管腔狭窄或完全闭塞。脾窦淤血（图 3-6）。

思考题　何谓玻璃样变？玻璃样变好发于哪些部位？

5. 病理性钙化

低倍镜　在红染颗粒状物质（干酪样坏死）的背景上有大片紫蓝色物质。紫蓝色物质呈蓝色颗粒状，即为钙盐沉着。

五、坏死

1. 脾凝固性坏死

肉眼观　脾切面可见灰白色坏死区，质地致密干燥，呈楔形，边界清楚，尖端朝向脾门部，底部朝向脾脏表面。坏死灶略突出于脾被膜，与正常组织分界清楚。

低倍镜　切片一半染色稍蓝的是正常脾组织，另一半染色稍红的是坏死组织，两者之间有一弯曲的深红色的充血出血带。①先观察较正常区域，认识脾结构；②坏死区脾组织轮廓隐约可见，但大部分细胞核消失，胞质呈红染颗粒状。

高倍镜　重点观察坏死区的细胞变化：①细胞轮廓尚可辨认，胞质肿胀、红染颗粒状。②绝大部分细胞核消失，即核溶解。③少部分细胞核浓缩成很深的、紫蓝色小团块，即核浓缩。④红染颗粒状的胞质内散在少数不规则的灰尘样深蓝色碎片，即核碎裂。

思考题　诊断组织坏死的主要根据是什么？

2. 肾干酪样坏死（肾结核）

肉眼观　肾体积明显增大，切面见多个大片黄白色、质地松软细腻的坏死物质，该坏死物质状似奶酪（故名干酪样坏死），部分坏死物排出形成囊腔。肾盂肾盏扩张变形。

低倍镜　切片中大部分组织结构已破坏消失，中央为大片红染无结构的颗粒状物质，外周可见残存的肾小球、肾小管结构。

高倍镜　坏死组织中细胞轮廓和组织结构彻底破坏，大部分细胞核溶解消失，仅个别区域尚有散在粉尘样的核碎片及浓染变小的核浓缩。

3. 肝液化性坏死（肝脓肿）

肉眼观　脓肿为局限性化脓性炎，主要由金黄色葡萄球菌感染引起，病变组织的主要特征是发生溶解坏死。肝组织坏死后破坏溶解形成脓液。当肝切开后，液化性坏死物质往往容易流出，而呈一空腔。此标本肝脏切面灰黄色化脓处即为脓肿，并有数个圆形或不规则形脓腔，脓肿大小不等，从针尖大到栗子大。

低倍镜　肝组织中可见多发性散在小脓肿，坏死区充满脓性渗出物。

高倍镜　脓肿区肝组织坏死、液化，并有大量变性和坏死的中性粒细胞（脓细胞）。坏死区周围组织见大量中性粒细胞弥漫浸润。

思考题　液化性坏死好发于哪些器官？

4. 足干性坏疽

肉眼观　干性坏疽多发生于肢端。本标本为外科截除的足。足趾、足背、足底均有坏死，大踇趾已坏死脱落缺失；皮肤呈黑褐色，坏死区组织干燥、变硬，皮肤皱缩，与周围较健康的组织有明显的分界线。

5. 肠湿性坏疽

肉眼观　小肠发生肠套叠，套叠局部的肠管由于淤血、缺血而坏死，继发坏疽。①此标本为小肠，肠管浆膜面失去固有光泽，粗涩，灰黑色，附有少量渗出物，与另一侧较为健康组织之间分界线不明显；②肠系膜血管增粗，变硬；③病变肠管肿胀明显，管腔内充满凝固物。

思考题

(1) 坏死与坏疽有何不同？为何干性坏疽多发生于四肢末端？

(2) 坏疽对机体有何影响？

六、修复

1. 肉芽组织

低倍镜　肉眼观察切片标本，可见切片两端表面深红色线条状的部分为复层鳞状上皮，中央为溃疡及肉芽组织。①溃疡表面是由坏死组织（染成红色），纤维素和变性坏死的中性粒细胞等构成的炎性渗出物；②渗出物的下方是炎性肉芽组织，由大量的新生毛细血管和成纤维细胞构成，此外还有许多炎细胞；③毛细血管呈条索状，纵断和肉芽组织表面垂直，大部分管腔扩张、充血；④肉芽组织下面为纤维结缔组织。

高倍镜　①新生毛细血管内皮细胞肥大向腔内凸出，有些已形成管腔，有些未形成管腔。②成纤维细胞呈星形或短梭形分布在毛细血管之间，胞体大，呈卵圆形、梭形或分枝状；胞质丰富，呈粉红色；胞核椭圆或梭形，染色质疏松、淡染。③有中性粒细胞、淋巴细胞、单核细胞、浆细胞及组织细胞分散在肉芽组织中，此外间质疏松（图 3-7）。

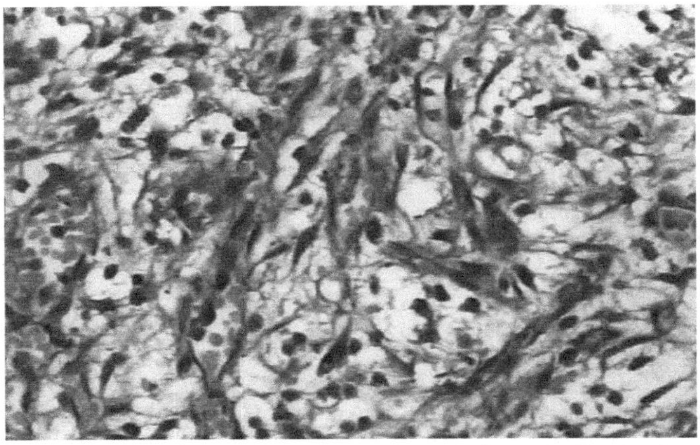

图 3-7　肉芽组织

2. 瘢痕疙瘩

低倍镜　皮下纤维组织增生，排列紊乱，纤维细胞少，胶原纤维增多变粗并且互相融合失去纤维性，排列成均质的梁状或片状，染成深粉红色的纤维即玻璃样变性。

高倍镜　由大量排列致密的胶原纤维构成，并出现透明变性。

3. 骨折愈合

肉眼观　①标本经过骨折愈合过程已达骨痂形成期；②于骨折处见局部因新骨形成而膨大，称骨痂形成；③切面见新骨处质地致密，有软骨性骨痂和骨性骨痂混杂在一起。

思考题

（1）骨折愈合有哪几个过程？

（2）一期愈合与二期愈合有什么区别？

实验二　局部血液循环障碍

目的要求

（1）掌握慢性肺淤血及肝淤血的病理变化，熟悉淤血的结局。

（2）掌握混合血栓的形态特点，熟悉血栓形成的条件和过程，了解血栓的种类及结局。

（3）掌握栓塞的类型及病变，熟悉体循环静脉栓子运行的途径。

（4）掌握贫血性梗死和出血性梗死的病理特点，熟悉梗死发生的原因和后果。

【实验内容】

	大体标本	切片标本
充血	慢性肺淤血 慢性肝淤血（槟榔肝） 慢性脾淤血	慢性肺淤血 慢性肝淤血 慢性脾淤血
出血	脑出血	
血栓形成	股静脉内血栓 白色血栓 混合血栓	混合血栓 血栓机化与再通 透明血栓
栓塞	肺动脉栓塞	
梗死	脾贫血性梗死 肾贫血性梗死 心脏贫血性梗死 肺出血性梗死 肠出血性梗死	脾贫血性梗死 肾贫血性梗死 心脏贫血性梗死 肺出血性梗死

一、充血

1. 慢性肺淤血

肉眼观　肺组织稍变致密，失去正常的疏松状态；透过肺膜可见炭末沉着的黑色及黄褐色斑点；肺质量增加，被膜增厚、紧张。切面肺略呈浅褐色，散在许多棕褐色小斑点；部分区域实变（无正常肺的孔隙状结构）；肺间质内可见灰白色纤维条索；晚期肺质地变硬，故称肺褐色硬化。

低倍镜　肺间隔增宽，肺泡腔变小，部分肺泡腔内有淡红色液体。

高倍镜　肺泡壁毛细血管显著扩张，腔内充满红细胞（正常情况下，毛细血管壁腔狭窄，仅能通过 1 ～ 2 个红细胞），导致肺间隔增宽。部分肺泡腔内有均匀的淡红色水肿液（因含少量蛋白质，故染成淡红色）及红细胞；肺泡腔或间质可见分布不均的含黄褐色折光颗粒（含铁血黄素）

的巨噬细胞，即心力衰竭细胞（图 3-8）。

思考题 何谓肺淤血？肺淤血的原因是什么？可引起哪些后果？什么叫心力衰竭细胞？患者的痰可呈现什么颜色？

2. 肝淤血

肉眼观 肝体积增大，包膜紧张，边缘变钝，表面光滑。切面可见暗红色条纹与浅黄色条纹相间，形似槟榔的切面，故又称“槟榔肝” （nutmeg liver）。呈暗红色区域为肝小叶中央静脉及窦状隙淤血，淡黄色区域为肝细胞脂肪变性（图 3-9）。

低倍镜 肝小叶结构完整（包括中央静脉、肝板、肝窦及汇管区），肝小叶中央静脉及其周围肝窦大片扩张，呈暗红色，肝小叶周边区呈灰黄色。

高倍镜 肝小叶中央静脉及其周围肝窦高度扩张、充满大量红细胞，此区部分肝细胞萎缩甚至消失，严重者相邻肝小叶淤血区之间相互连接；淤血周边区肝细胞体积增大，胞质内出现大小不等的空泡。

思考题

（1）肝淤血的原因、病变特点及后果是什么？

（2）慢性肝淤血时，肝切面为什么会出现槟榔样花纹？

（3）肝细胞胞质内的空泡是什么？如何证明？

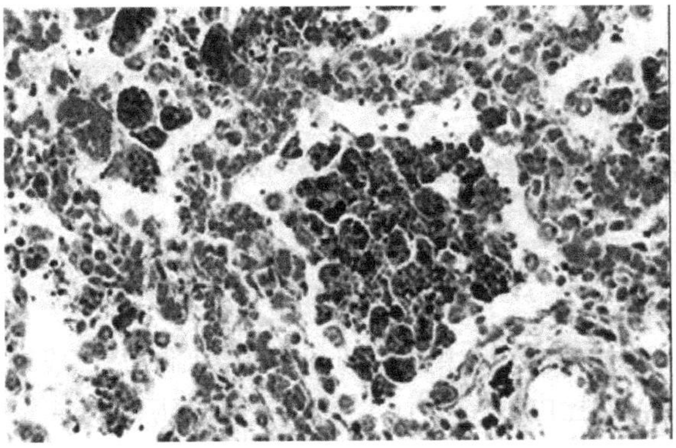

图 3-8　慢性肺淤血

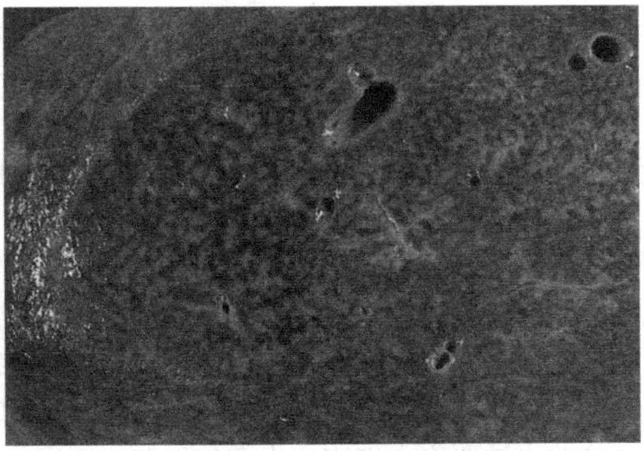

图 3-9　慢性肝淤血

3. 慢性脾淤血

肉眼观 脾呈暗红色，体积增大，质量增加。被膜紧张，边缘变钝。切面暗红色，被膜增厚，可见灰白色纤细的脾小梁，有时在切面上可见散在针尖大小的黄褐色含铁小结。

低倍镜 脾窦扩张，充血，脾小体萎缩，数目减少。

高倍镜 脾窦扩张，充血，窦内网状细胞增生，小梁中见含铁血黄素沉积伴纤维化。

二、出血

脑出血

肉眼观 大脑水平切面，显示内囊及脑室。一侧大脑半球体积较对侧大，内囊区严重出血，呈黑红色，部分脑组织受到破坏。出血灶的血液可破入脑室。此为高血压时大脑中动脉分支豆纹动脉破裂出血所致。

思考题 脑出血的后果有哪些？

三、血栓形成

1. 股静脉内血栓

肉眼观　静脉腔内见一长血栓，充满整个管腔，大部分与静脉壁粘连紧密，干燥易碎；血栓一端为稍长的灰白色区（头），中间呈红白相间的结构（体），另一端为较长的暗红色区（尾）。

思考题　股静脉内血栓易引起哪些后果？

2. 白色血栓

肉眼观　心脏的二尖瓣或主动脉瓣上见单行串珠排列的疣状赘生物。赘生物粟粒大小，灰白或灰黄色，表面粗糙，有波纹，质硬，与瓣膜紧密粘连不易脱落。

低倍镜　为淡红色团块。

高倍镜　栓子由许多聚集呈珊瑚状的血小板梁构成，表面黏附有大量中性粒细胞，形成白细胞边层；血小板梁之间为网状的纤维蛋白，网内含有少量的红细胞。

思考题　该病变心瓣膜赘生物是哪种类型的血栓？对机体有哪些影响？

3. 混合血栓

肉眼观　呈灰白色和红褐色层状交替结构，粗糙干燥，圆柱状，与血管壁粘连。

低倍镜　血栓呈红白相间的波纹状形态。

高倍镜　血栓中可见许多淡红色无结构、粗细不等、呈分支状或不规则珊瑚状的血小板小梁(肉眼观呈灰白色，由许多细颗粒状的血小板构成），边缘附有中性粒细胞（这是由于纤维蛋白崩解对白细胞有趋化作用，有的组织切片白细胞溶解消失）；血小板梁之间为红染的丝状纤维蛋白网及较多的红细胞与少量白细胞（图 3-10）。

思考题　血栓按形态分为哪些种类？其中混合血栓见于静脉延续性血栓的哪个部位？血栓与血凝块如何鉴别？

4. 血栓机化与再通

低倍镜　血栓内散在大小不等的不规则腔隙。

高倍镜　血管腔内可见血栓与管壁紧密相连；血栓与血管壁相连处可见较多毛细血管、成纤维细胞、纤维细胞及淋巴细胞、单核细胞（机化）；血栓内散在大小不等的不规则腔隙，其中大的腔隙内被覆内皮细胞，内含红细胞（再通）。

思考题　何谓血栓机化？何谓再通？

5. 透明血栓

透明血栓发生于毛细血管、微静脉、微动脉腔内，主要由纤维素和（或）血小板构成。这种透明血栓只有在镜下才能观察到，亦称微血栓，多见于 DIC 患者的微循环内。

低倍镜　微血管内弥漫存在有粉红色均质团块。

高倍镜　在微循环的小血管内弥漫存在红染均质丝状的纤维素。

四、栓塞

肺动脉栓塞

肉眼观察　在肺切面上，大的肺动脉内有一红色血栓，表面粗糙，与动脉内膜粘连不紧密。此为血栓栓塞（图 3-11）。

思考题

（1）此血栓可能从何处来？此病变可引起哪些临床表现？

（2）静脉淤血、血栓形成、栓塞及梗死之间有何联系？

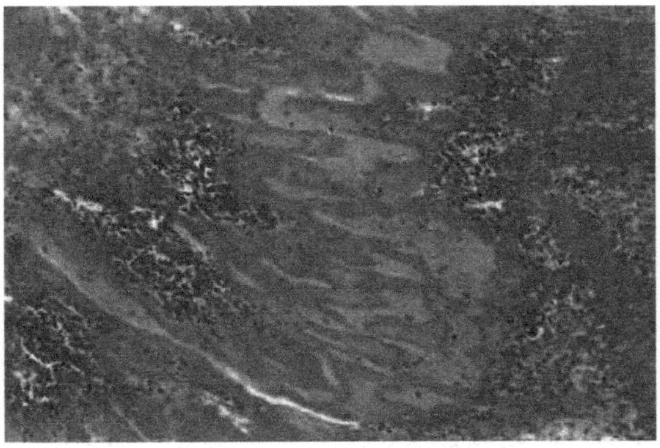

图 3-10　混合血栓

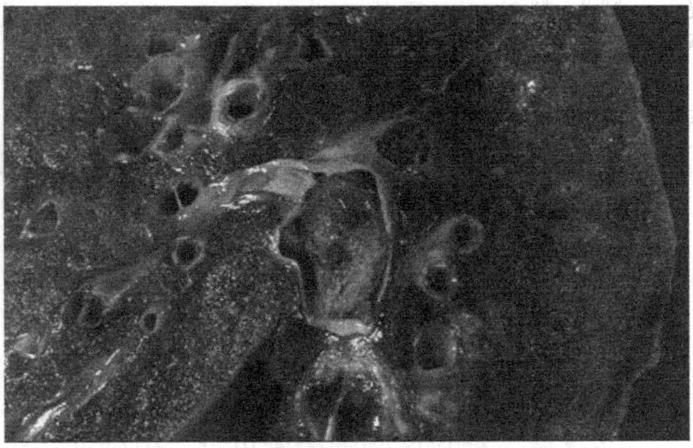

图 3-11　肺动脉血栓栓塞

五、梗死

1. 脾贫血性梗死

肉眼观　脾表面可见灰白色或灰黄色不规则凹陷区，与周围组织分界清楚。切面上可见与表面灰白区相对应的楔形梗死灶，境界清楚，灰白色，无结构，梗死灶组织致密、坚实、干燥，尖端指向脾门，底部朝向脾表面。在梗死的早期，梗死灶的周边有暗红色的出血带；数日后出血带内的红细胞被巨噬细胞吞噬后转变为含铁血黄素，出血带变为黄褐色；晚期出血带消失。梗死灶上缘略带灰黄色为中性粒细胞渗出所形成，梗死灶近下缘处见灰红色弯曲条纹，是梗死机化的表现。

低倍镜　脾小梁、脾小体呈淡红色，其粗略轮廓仍可辨认。

高倍镜　早期的梗死灶内可见核固缩、核碎裂和核溶解等变化，病灶内可见散在的橙色氯化血红素。梗死灶周边可见毛细血管、细动脉扩张充血、出血及中性粒细胞浸润。晚期，病灶呈均质性结构，边缘有肉芽组织和瘢痕形成。梗死灶小者，可完全被肉芽组织和瘢痕组织所取代。

2. 肾贫血性梗死

肉眼观　肾脏梗死灶切面呈锥形，境界清楚，向表面隆起，灰白色或灰黄色，无结构。病灶之尖端朝向肾门，底部位于肾表面。梗死灶的周边有暗红色的出血带。梗死灶近下缘处见灰红色弯曲条纹，是梗死机化的表现。

低倍镜　保存有正常肾组织轮廓，正常肾组织与梗死灶间界线清楚，可见扇面形梗死灶。

高倍镜　梗死灶内依稀可见模糊的组织轮廓（如肾小球、肾小管），但细胞有明显的坏死特征（核固缩、核碎裂、核溶解），边界模糊，细胞质呈嗜酸性质块。肾小管细胞数量明显减少甚至消失。梗死灶边缘与正常肾组织交界区有深红染的充血出血带及炎细胞浸润（图 3-12）。

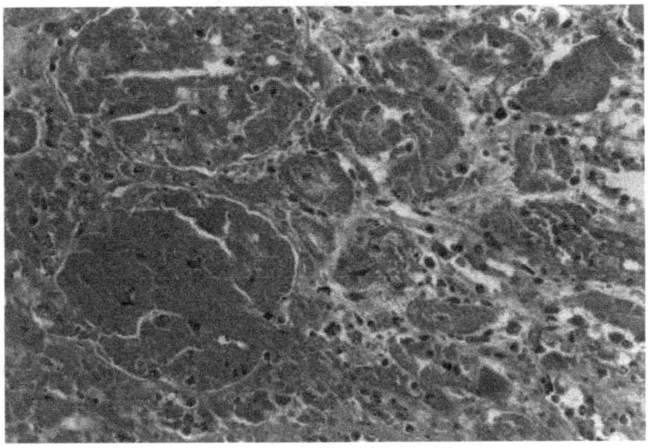

图 3-12　肾贫血性梗死

思考题　贫血性梗死属哪种坏死？镜下有何特点？肾贫血性梗死的病变特点是怎样的？

3. 心贫血性梗死

肉眼观　左心室前壁可见灰白或灰黄色

病灶，质地较硬、干燥而失去光泽；梗死灶不规则，呈地图状，系心冠状动脉分支不规则所致；周围有暗红色出血带。

低倍镜　梗死灶内心肌轮廓尚存，但心肌细胞核消失，梗死区颜色呈暗红色。

高倍镜　梗死区心肌横纹消失，肌原纤维结构不清，梗死心肌纤维间可见中性粒细胞浸润。

4. 肺出血性梗死

肉眼观　肺切面可见三个略呈楔形的梗死病灶，质较实，病灶尖端指向肺门，底部位于肺表面，境界分明，呈黑褐色。由于肺有双重血液供应及肺组织疏松，故组织坏死后有出血，经甲醛固定呈黑褐色。

低倍镜　梗死区呈暗红色，可见肺泡轮廓。

高倍镜　梗死区肺泡轮廓可见，但肺泡壁细胞坏死，组织结构不清，具坏死特征；肺泡腔内有大量红细胞（出血）；周围肺组织显著充血。梗死区与正常组织交界处充血出血带不明显，有时可见肉芽组织。

思考题　出血性梗死多发生于哪些器官？有何形态特点？形成机制如何？

5. 肠出血性梗死

肉眼观　套叠肠段的剖面呈黑褐色，肠壁因淤血、水肿、出血明显增厚，黏膜皱襞消失，与正常肠壁界线不清楚。肠浆膜湿润，失去光泽。

思考题　肠梗死常见原因及最常见的临床疾病有哪些？肠出血性梗死与肠坏疽有何异同？

实验三　炎　症

目的要求

（1）掌握炎症的基本病理变化（变质、渗出、增生）。

（2）掌握各种炎症类型的基本病变特征。

（3）掌握各种炎症细胞的形态特征。

【实验内容】

	肉眼标本	切片标本
渗出性炎症	纤维素性心包炎 气管白喉 细菌性痢疾之结肠 化脓性阑尾炎 肝脓肿 肺脓肿 化脓性脑膜炎	纤维素性心包炎 化脓性阑尾炎 肺脓肿 肝脓肿 化脓性脑膜炎
增生性炎症	结肠息肉 慢性胆囊炎 肠黏膜炎性息肉	慢性子宫颈炎 慢性阑尾炎 慢性胆囊炎

一、渗出性炎症

（一）纤维素性炎

纤维素性炎是以纤维蛋白原渗出为主要病变特征的急性炎症。纤维蛋白原渗出后形成纤维蛋白，即纤维素，易发生于黏膜、浆膜和肺组织。

1. 纤维素性心包炎

肉眼观　图3-13为发生于浆膜的纤维蛋白性炎。心包膜（心外膜表面及壁层内面）不光滑，失去正常光泽，有一层灰白色渗出物附着其上，呈绒毛状，因而又称绒毛心。

低倍镜　心外膜表面有粉染之带状物，形状不整，呈粗细不均的分枝状或空网状，此即纤维蛋白性渗出物。心外膜下血管扩张充血，可见多种炎细胞浸润（中性粒细胞、淋巴细胞、浆细胞及单核细胞）。

高倍镜　纤维蛋白性渗出物呈网状、颗粒状、团块状不定形结构，呈浓淡不均的粉红色，其中夹杂少量破碎的多形核粒细胞、单核细胞。其下方可见肉芽组织。

思考题

（1）纤维素性炎常发生在哪些脏器？

（2）绒毛心如何形成？

2. 气管白喉

肉眼观　这种呼吸道的纤维素性炎由白喉杆菌引起。喉和气管的表面因大量灰白色纤维素渗出而形成膜状，故又称为假膜性炎。本标本的喉、气管及支气管由背侧剪开，黏膜不光滑，喉、气管及支气管表面附有一层灰白色膜状物（即假膜）。会厌及喉部假膜附着紧密（固膜），气管及支气管假膜附着不甚紧密，容易脱落（浮膜）（图3-14）。

思考题

（1）何为假膜性炎？喉及气管的病变后果有何不同？

（2）为什么浆膜纤维素性炎容易发生机化而黏膜的纤维素性炎则不易发生机化？

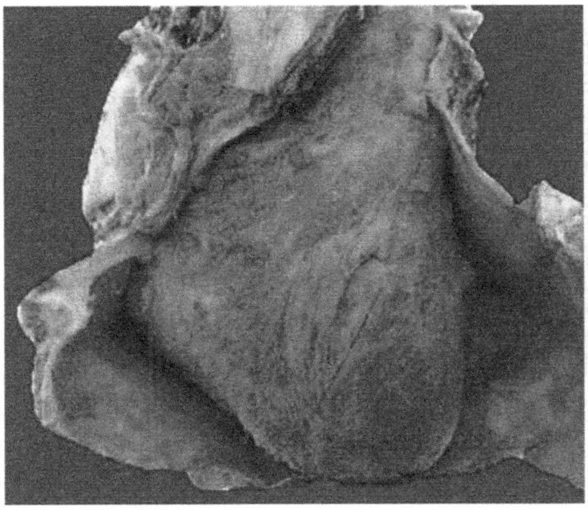

图3-13　绒毛心

图3-14　白喉假膜

3. 细菌性痢疾之结肠

肉眼观　结肠黏膜表面覆盖一层灰白、暗绿或污秽的棕红色膜状物，即为由渗出的纤维素、坏死组织、中性粒细胞和细菌一起形成的假膜。假膜小块或成片脱落后形成大小不等、形状不一的浅表溃疡。黏膜因水肿而增厚（图3-15）。

（二）化脓性炎

1. 化脓性阑尾炎

肉眼观　阑尾肿胀变粗。小血管明显扩张充血，部分区域有出血，呈黑褐色（淤血及出血所致），浆膜表面因水肿和炎性渗出物而失去光泽，略显粗糙。阑尾表面有数量不等的黄灰色或黄绿色脓性渗出物。切面见阑尾壁厚薄不一，病变较重者的阑尾切面各层结构模糊不清，不易分辨。阑尾腔扩张并可见脓性分泌物（图 3-16）。

低倍镜　由腔内向腔外依次观察阑尾结构层次，注意阑尾腔内及阑尾壁各层的病变。

高倍镜　①阑尾腔内有变性、坏死的中性粒细胞（脓细胞）、浆液渗出和红细胞漏出。②黏膜上皮部分坏死脱落，形成缺损。③黏膜层、黏膜下层、肌层及浆膜层可见明显的充血、水肿及大量中性粒细胞弥漫浸润及少量纤维素渗出，并可见出血及坏死（图 3-17）。

图 3-15　细菌性痢疾

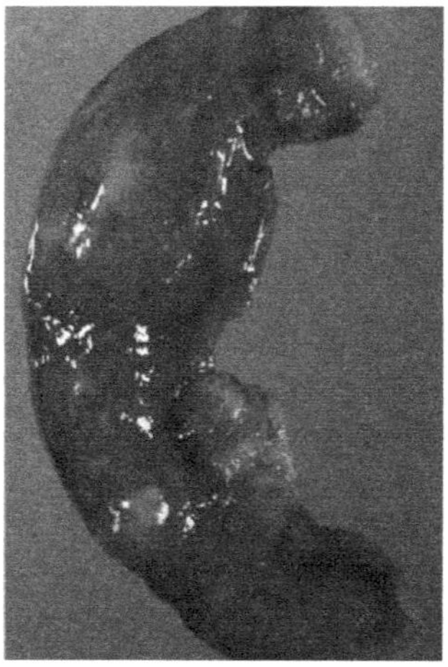

图 3-16　急性阑尾炎肉眼观

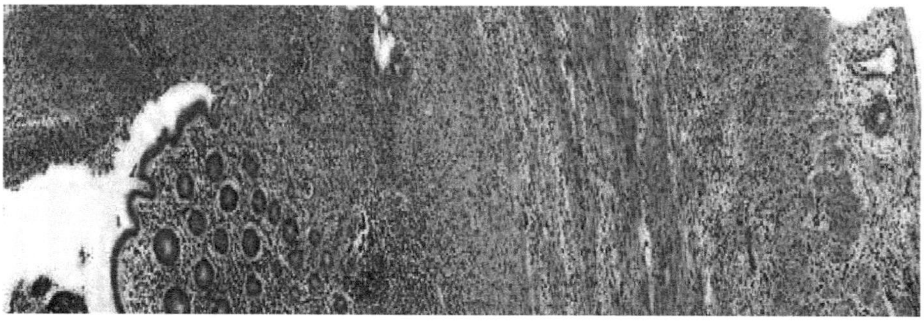

图 3-17　急性阑尾炎镜下观

2. 肝脓肿

肉眼观　肝体积肿大，表面包膜光滑紧张，切面可见大小不等的多个脓肿病灶，有互相融合的倾向，病灶处正常结构已被破坏，脓肿中心可见黄白色脓性坏死物，部分则因脓汁流出而呈空腔，脓肿周围有纤维组织增生形成的脓肿壁，大部分脓肿边缘呈明显黑褐色，为肝组织炎性充血之故（图 3-18）。

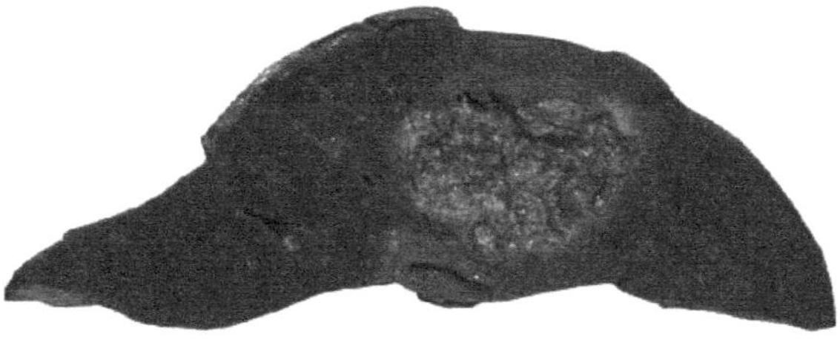

图 3-18　肝脓肿

低倍镜　肝组织切片中可见多个紫红色病灶，即脓肿灶，选择一个小脓肿灶用高倍镜进行观察。

高倍镜　①脓肿灶内原有肝组织已坏死溶

解，其中有大量变性、坏死的中性粒细胞（脓细胞）的聚集。②病灶周围有的肝细胞胞质内出现小空泡，为水样变性，有的肝细胞坏死。③肝窦扩张。

思考题　比较脓肿和蜂窝织炎有何不同。

3. 肺脓肿

肉眼观　左肺下叶切面可见3cm大小的脓肿，腔内充以灰黄色脓性渗出物，内面不光滑（观察脓肿是否破坏支气管或浸破胸膜），脓肿周围纤维组织增生形成脓肿壁。脓肿周围的肺组织变实，呈灰黄色。脓肿处的肺胸膜表面有黄白色脓性渗出物附着（图3-19）。

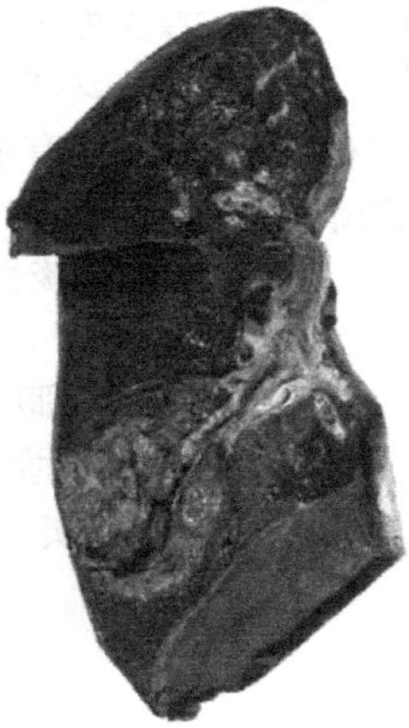

图3-19　肺脓肿

低倍镜　肺组织中可见多个紫红色病灶，即脓肿灶。

高倍镜　①脓肿区肺组织坏死，结构消失，并有大量变性和坏死的中性粒细胞（脓细胞）聚集。②有些脓肿中央可见染色呈深紫色的细菌菌落。③脓肿之间的肺组织可见间质及肺泡壁毛细血管扩张充血和浆液渗出。④病灶周围有少量纤维组织增生包绕，形成脓肿膜。

思考题　大体肺脓肿周围之肺组织为何实变？镜下实变区肺组织是否存在？被什么物质取代？

4. 化脓性脑膜炎

肉眼观　大脑半球标本，脑血管高度扩张充血，在脑沟内及脑表面（蛛网膜下腔）有一层黄白色脓性分泌物附着。病变严重区域，脑的沟回因被脓液掩盖而模糊不清。

低倍镜　分清蛛网膜、蛛网膜下腔和软脑膜三层结构。脑实质表面和脑沟处的蛛网膜下腔有大量脓液聚积而使脑膜增厚，蛛网膜下腔扩张。

高倍镜　①渗出物为脓性，主要为中性粒细胞及脓细胞。②软脑膜血管扩张、充血。③脑实质除血管扩张充血及其周围Virchow-Robin腔扩张水肿外，无明显炎细胞浸润。

思考题　本例标本属于哪种化脓性炎症？

二、增生性炎症

一般慢性炎症病灶内浸润细胞主要为淋巴细胞、浆细胞和单核细胞，反映了机体抗损伤的持续反应。病灶内常有较明显的纤维结缔组织、血管及上皮细胞、腺体和实质细胞的增生，以替代和修复损伤的组织。

1. 慢性宫颈炎

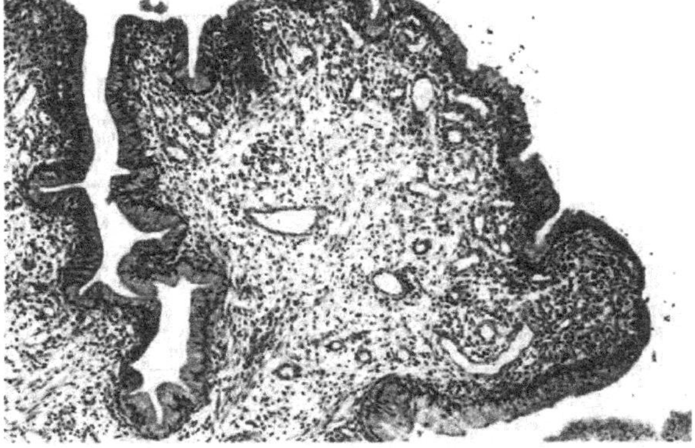

图3-20　慢性宫颈炎

低倍镜　被覆的鳞状上皮完整，上下见少量宫颈腺体及几个高度扩张的腺管，其内充满大量黏液，即潴留囊肿，另外可见较多的扩张充血的小血管及大量炎细胞浸润。

高倍镜　上皮下大量淋巴细胞、浆细胞及中性粒细胞浸润（图3-20）。

2. 慢性阑尾炎

镜下观　阑尾壁增厚，各层有淋巴细胞及少许浆细胞、嗜酸粒细胞浸润。黏膜下层纤维组织及脂肪组织增生。血管轻度扩张充血。

3. 肠黏膜炎性息肉

肉眼观　标本为结肠一段，其上端有数个绿豆、豌豆至黄豆大的息肉，息肉突出于肠腔，标本右缘的一个息肉有蒂，连于黏膜而悬垂，息肉形成是由于长期炎症刺激，是黏膜组织及肉芽组织增生所致。

思考题　何为炎性息肉？

4. 慢性胆囊炎

肉眼观　可见胆囊体积增大，胆囊壁明显增厚，胆囊黏膜失去细绒毛样外观，呈粗大绒毛状。

镜下观　①胆囊壁增厚，纤维结缔组织增生；②黏膜上皮多数萎缩，部分黏膜上皮凹陷，深达肌层形成罗 - 阿窦。③各层中有慢性炎症细胞（淋巴细胞和浆细胞）浸润。

实验四　肿　　瘤

目的要求

（1）掌握肿瘤的异型性，良性与恶性肿瘤、癌与肉瘤的主要形态学区别。

（2）熟悉常见肿瘤的病理学类型及肿瘤的一般形态特点、生长方式和转移途径。

（3）熟悉肿瘤的分类及命名原则。

【实验内容】

	肉眼标本	切片标本
良性上皮组织肿瘤	皮肤乳头状瘤 肠腺瘤 结肠腺瘤病 甲状腺腺瘤 乳腺纤维腺瘤 卵巢浆液性囊腺瘤 卵巢黏液性囊腺瘤	皮肤乳头状瘤 肠腺瘤 甲状腺腺瘤 乳腺纤维腺瘤
恶性上皮组织肿瘤	皮肤鳞状细胞癌 肠腺癌 黏液癌 子宫内膜癌	皮肤鳞状细胞癌 肠腺癌 黏液癌
良性间叶组织肿瘤	子宫平滑肌瘤 皮下脂肪瘤 纤维瘤 海绵状血管瘤	子宫平滑肌瘤 皮下脂肪瘤 纤维瘤 毛细血管瘤
恶性间叶组织肿瘤	胫骨骨肉瘤 平滑肌肉瘤	平滑肌肉瘤 纤维肉瘤
其他肿瘤	成熟型畸胎瘤 肺转移性恶性肿瘤	成熟型畸胎瘤

肿瘤切片观察方法：切片观察，首先在低倍镜下观察肿瘤组织结构的异型性：良性肿瘤组织结构常表现为细胞排列欠规则，层次增多；恶性肿瘤表现为肿瘤实质与间质关系紊乱、瘤细胞排列紊乱、失去正常的结构与层次。将病变明显的部位换到高倍镜下观察，良性肿瘤细胞异型性小，

一般与其起源的正常细胞相似。恶性肿瘤细胞异型性明显，瘤细胞大小不一，可见较多的瘤巨细胞（单核或多核）；形状不一致，奇形怪状；胞质嗜碱性增强；瘤细胞核大，可出现巨核；核数目不一，单核、双核或多核；核染色深浅不一，染色质呈粗颗粒状，分布不均，常堆集于核膜下；核仁肥大、醒目，数目增多；常见病理性核分裂象。

一、良性上皮组织肿瘤

1. 皮肤乳头状瘤

肉眼观　肿瘤突出于皮肤表面，呈外生乳头状生长，外形似桑椹，肿瘤基底部较狭窄，成蒂与正常组织相连，无浸润现象。切面肿物呈乳头状，灰白色，质脆、硬、粗糙，界线清楚，可继发感染、出血等（图 3-21）。

图 3-21　皮肤乳头状瘤

低倍镜　每个树枝状突起即为一个乳头，肿瘤实质为外面增生的鳞状上皮，乳头中心是由血管及纤维结缔组织构成的肿瘤间质，有少量炎细胞浸润，间质与实质构成“手指状”的关系。

高倍镜　瘤细胞形态、排列层次及方向性与正常皮肤鳞状上皮组织相似，主要表现为组织结构的异型性（呈乳头状），而细胞形态异型性甚小，故为良性肿瘤。

思考题　乳头状瘤为何种生长方式？常见于哪些部位？

2. 肠腺瘤

肉眼观　肿瘤位于肠黏膜面，向肠腔内呈外生性生长，形成蕈状、乳头状或息肉状突起，乳头表面可感染、出血、糜烂等。根部有蒂与黏膜相连，无浸润现象。呈乳头或绒毛状者易癌变。

低倍镜　①管状腺瘤，增生的腺体大小、形态不规则，排列紧密，腺体周围有少量纤维血管组织，腺体上皮单层或形成假复层。②绒毛状腺瘤，腺上皮增生形成绒毛状结构，绒毛轴心为纤维血管组织。

高倍镜　①管状腺瘤，腺体由高柱状上皮组成，核靠近基底部。②绒毛状腺瘤，绒毛状乳头被覆高柱状上皮，分化较好，核稍大，染色深，可见核分裂象。

3. 结肠腺瘤病（又称结肠多发性腺瘤性息肉）

肉眼观　肠黏膜面有许多大小不等的息肉状肿物突出于黏膜表面，基底部有蒂与肠黏膜相连，表面灰白色，有的有出血、糜烂等。

思考题　腺瘤性息肉常见于哪些部位？有何发病特点？

4. 甲状腺腺瘤

肉眼观　肿瘤呈球形或结节状，表面光滑，边界清楚，包膜完整。呈膨胀性生长，瘤旁甲状腺常受压萎缩。切面呈灰白或暗红色、棕黄色，实性，质地均匀，常并发出血、囊性变等。

低倍镜　瘤组织与正常甲状腺之间有包膜分隔，瘤组织与包膜外的甲状腺组织结构不同。

高倍镜　瘤组织由许多小滤泡构成，滤泡圆形，由单层小立方上皮围绕而成。滤泡腔内无或有少量淡红色胶质，间质水肿，黏液变性，致使各小滤泡分离。

5. 乳腺纤维腺瘤

肉眼观　肿瘤呈扁圆形肿物或结节状，有包膜，切面灰白、质韧、分叶状，常有黏液样外观。

低倍镜　腺瘤由增生的纤维间质及腺体组成，腺体呈圆形或卵圆形，或被纤维结缔组织挤压成裂隙状。

高倍镜　增生的腺上皮细胞呈立方形或柱状，外周为肌上皮细胞，使腺体细胞呈两层，细胞异型性小。增生的纤维结缔组织可发生黏液样变或玻璃样变。

6. 卵巢浆液性囊腺瘤

肉眼观　肿瘤约圆形，有包膜，囊腔充满浆液，淡黄色、半透明。肿瘤基底部可因扭转而出血、坏死，呈暗红色（固定后呈黑色）。

7. 卵巢黏液性囊腺瘤

肉眼观　卵巢组织全部被肿瘤占据，肿瘤大，包膜完整，外壁光滑。切面见多房性囊腔，内壁光滑，囊内含灰白色半透明浓稠黏液。

二、恶性上皮组织肿瘤

1. 皮肤鳞状细胞癌

肉眼观　皮肤表面见一菜花状肿块，表面有溃疡形成。切面见肿块向表面呈外生性生长的同时向深部组织呈浸润性、破坏性生长，边界不清，无包膜，基底宽，呈灰白色。

低倍镜　大小不等，形态不一的癌细胞团浸润至深层组织，此即癌巢。癌巢周围绕以间质结缔组织。

高倍镜　癌巢中心可见层状角化物，即角化珠或癌珠，相当于正常鳞状上皮的角化层。癌珠周边的细胞与棘细胞相似，可见细胞间桥。癌巢周边的癌细胞较小，呈柱状或立方状，染色深，与正常鳞状上皮的基底层细胞相似。癌巢内的瘤细胞分化较高，异型性小，但癌巢内仍可见一定数量的核分裂。间质中可见淋巴细胞和浆细胞等（图 3-22）。

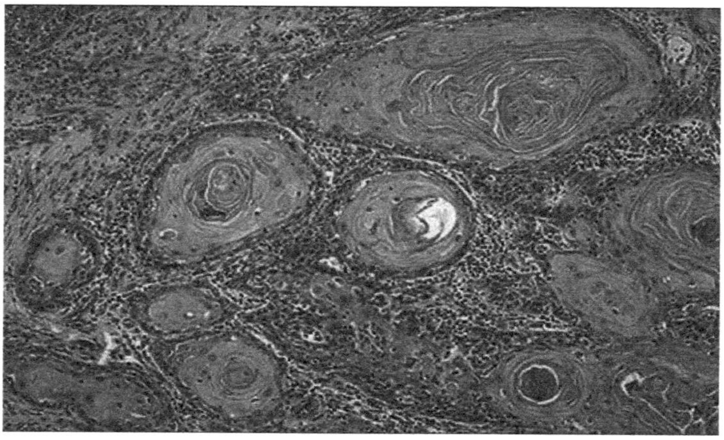

图 3-22　鳞状细胞癌

思考题

(1) 鳞癌常见于哪些部位？

(2) 结合所观察标本思考角化珠与癌细胞分化程度间有何关系？

2. 肠腺癌

肉眼观　肿块突出于肠黏膜表面，呈菜花状，表面见坏死及溃疡形成，肿瘤基底部较宽。切面灰白色，癌组织呈蟹足状向深部肠壁组织浸润，边界不清。

低倍镜　一侧为正常肠壁，一侧已被癌组织取代。在黏膜层、黏膜下层、肌层及浆膜层可见癌细胞排列成大小不等、形态不整的腺管样结构。

高倍镜　癌细胞呈明显异型性，多数癌细胞呈柱状或立方状，细胞核大深染。腺管上皮细胞呈多层，且参差不齐，极向紊乱，并可见较多核分裂和病理性核分裂。部分腺腔内可见大量脱落坏死的癌细胞（图 3-23）。

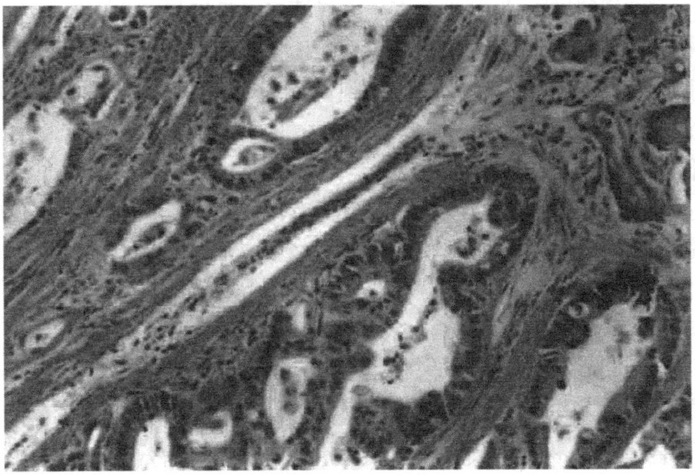

图 3-23　肠腺癌

3. 黏液癌

肉眼观　癌组织呈灰白色，湿润，半透明如胶冻状，故又称胶样癌，向深部组织呈浸润性生长。

低倍镜　癌细胞分散存在，以细胞内黏液为主，无腺腔样结构。

高倍镜　因胞质内产生的黏液将胞核挤压于癌细胞质的一侧，形成戒指状，故称印戒细胞。

4. 子宫内膜癌

肉眼观　癌组织浸润子宫内膜大部分，使内膜弥漫增厚，且呈不规则的乳头状向宫腔内生长。癌组织灰白质脆，易坏死、脱落。

三、良性间叶组织肿瘤

1. 子宫平滑肌瘤

肉眼观　标本为子宫，中部裂隙为子宫腔，在子宫肌壁间、黏膜下或浆膜下可见多个大小不等的球形结节，境界清楚，质韧。切面灰白、灰红色，瘤与周围正常组织界线清楚，其光泽与周围正常平滑肌组织相似，唯瘤内肌纤维束粗大呈团状或编织状，排列紊乱（图 3-24）。

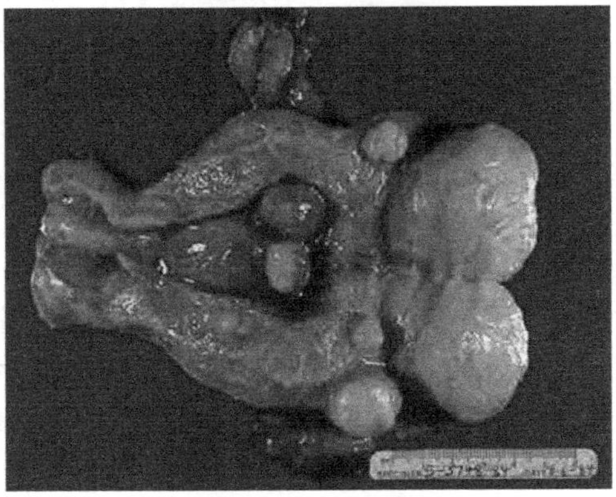

图 3-24　子宫平滑肌瘤

低倍镜　瘤组织由形态一致的长梭形瘤细胞构成，较正常平滑肌细胞略大。排列成纵横交错状，有时呈栅栏状排列。瘤细胞呈长杆状。

高倍镜　胞质红染，核亦长杆状，两端略钝圆。间质为多少不等的纤维及血管组织。

思考题　平滑肌瘤最多见于哪个部位？

2. 皮下脂肪瘤

肉眼观　肿瘤发生于皮下组织，瘤组织表面覆有梭形皮肤。肿瘤略呈扁圆形，部分呈分叶状，色黄，质软，油腻感，与正常脂肪组织甚为相似，表面有一层完整的纤维组织包膜。

高倍镜　瘤细胞与正常脂肪细胞相似。

思考题　脂肪瘤好发部位是哪里？

3. 纤维瘤

肉眼观　肿瘤呈类圆形肿物，膨胀性生长，边界清楚，有包膜。切面灰白色，呈编织状，质地韧。

低倍镜　成束的胶原纤维及增生的瘤细胞呈编织状排列。

高倍镜　瘤细胞分化较好，似正常的纤维细胞，呈长梭形。核梭形、两端尖。胶原纤维多少不等、瘤细胞成束状、编织状排列。

4. 海绵状血管瘤

肉眼观　肿瘤呈紫红色（固定标本为暗褐色），不规则，边界不清，无包膜（呈浸润性生长），质地软。肿瘤切面见大小不等的薄壁血管腔隙，内含血液（血凝块），其间有薄的间隔，状似海绵，为海绵状血管瘤。

5. 毛细血管瘤

低倍镜　本切片全部为肿瘤成分，周围无正常组织结构，无包膜。瘤组织由增生的毛细血管构成，排列较密集而紊乱，增生的毛细血管大小较一致。

高倍镜　毛细血管由单层内皮细胞、基底膜及散在的周细胞构成。管腔内可见红细胞，血管间可见少量结缔组织，有的瘤细胞增生活跃而成团分布（图 3-25）。

思考题　毛细血管瘤与肉芽组织如何区别？

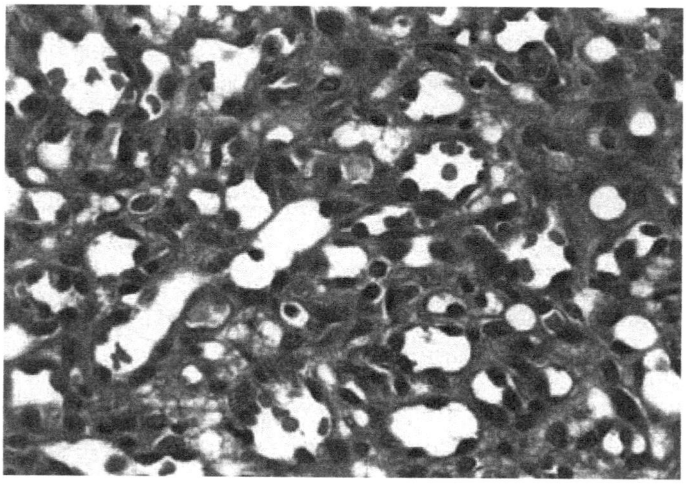

图 3-25　毛细血管瘤

四、恶性间叶组织肿瘤

1. 胫骨骨肉瘤

肉眼观　于胫骨上端可见一巨大肿瘤，切面见瘤组织自骨膜向外及向内呈浸润性生长，破坏胫骨上端的骨皮质、干骺端的骨松质及骨髓腔的正常结构。肿瘤组织灰白色和灰黄色区域为肉瘤组织，破碎不整的区域为肉瘤组织发生坏死、出血所致。

2. 平滑肌肉瘤

肉眼观　肿瘤呈结节状，切面灰红色，质细腻，鱼肉状，局部区域可有变性、出血、坏死。

低倍镜　肿瘤细胞弥漫分布，实质与间质分界不清。

高倍镜　瘤细胞体积大，核分裂象较多，异型性明显。

3. 纤维肉瘤

肉眼观　肿瘤呈结节状，无包膜，切面呈灰白色（或粉红色），细腻似鱼肉状。

低倍镜　瘤组织同样由胶原纤维及增生的瘤细胞构成，但瘤细胞丰富而胶原纤维相对较少，瘤细胞束状排列成“人”字形、羽毛形或鱼骨状结构，间质血管丰富。

高倍镜　瘤细胞异型性较明显，核大，深染，核/质比例增大，有核分裂象，部分切片边缘可见坏死。

五、其他肿瘤

1. 成熟型畸胎瘤

肉眼观察　肿瘤为圆形或椭圆形囊性肿物，包膜完整，表面光滑。切面见囊腔内充满黄色油脂样物和毛发，有的含骨组织、牙齿、黏液或浆液等。囊壁一侧部分增厚，多种组织成分常在该处生长。

低倍镜观察　囊壁内层由复层鳞状上皮被覆，可见皮肤的附属结构（如皮脂腺、毛囊等），还可见到肠上皮、平滑肌、神经组织、腺体、软骨及骨组织等，结构排列紊乱。

高倍镜观察　各胚层来源的组织基本分化成熟，无明显异型性。

2. 肺转移性恶性肿瘤

肉眼观察　肺表面及切面有多个散在分布的球形结节，大小不等，边界清楚，但无包膜形成，有的结节中央发生出血坏死。

思考题　该处肿瘤的转移途径是什么，恶性肿瘤有哪些转移途径并举例说明。

实验五　心血管系统疾病

目的要求

（1）掌握动脉粥样硬化的病变特点，原发性高血压的基本病变、主要脏器的病变及其后果。

（2）掌握风湿病的基本病变及其后果，熟悉慢性心瓣膜病的病变及其影响。

（3）熟悉急性、亚急性感染性心内膜炎的病变特点，了解其后果。

【实验内容】

	肉眼	切片
动脉粥样硬化	主动脉粥样硬化 冠状动脉粥样硬化 脑动脉粥样硬化 心肌梗死	主动脉粥样硬化 冠状动脉粥样硬化 心肌梗死
原发性高血压	脑出血 原发性颗粒性固缩肾	原发性颗粒性固缩肾
风湿病	风湿性心瓣膜病	风湿性心肌炎
急性、亚急性感染性心内膜炎	急性感染性心内膜炎 亚急性感染性心内膜炎	

一、动脉粥样硬化

1. 主动脉粥样硬化

肉眼观 ①脂纹：主动脉后壁及其分支开口处内膜上散在帽针头大小的黄色斑点或长短不一的条纹（宽1～2mm、长1～5cm），平坦或微隆起，即主动脉粥样硬化的早期脂纹；②纤维斑块：有的标本内膜上散在大小不等的灰黄色或灰白色蜡滴状突起的斑块，即主动脉粥样硬化的纤维斑块；③粥样斑块：内膜上散在大小不等明显隆起的灰黄色斑块，切面见斑块表面覆以纤维帽，深层有多量黄色粥糜样物即粥样斑块（又称粥样瘤），粥样斑块常继发斑块内出血、破裂形成粥瘤样溃疡或有钙盐沉着（图3-26）。

低倍镜 内膜凸起部分为增厚的内膜，深部可见大量红染的脂质和坏死物。

高倍镜 增厚的内膜，呈纤维组织增生、玻璃样变（即纤维帽）；纤维帽的深部见大量红染的无定形的坏死物和脂质，其中有较多呈针状空隙的胆固醇结晶（粥样病灶）；底部及周边部可见肉芽组织、少量泡沫细胞和淋巴细胞浸润。中膜萎缩。

思考题 主动脉粥样硬化好发部位是哪里？其结局如何？

2. 冠状动脉粥样硬化

肉眼观 左冠状动脉前降支的内膜面见灰黄色粥样斑块，横切面斑块多呈新月形，位于血管的心壁侧；冠状动脉腔呈偏心性狭窄；左心室前壁有小片的梗死灶，呈灰白色、形态不规则。

低倍镜 冠状动脉内膜半月形增厚，其腔出现偏心性狭窄。

高倍镜 冠状动脉内膜增厚、纤维组织增生及玻璃样变形成纤维帽；内膜深层有粥样坏死灶，灶内有胆固醇结晶及大量泡沫细胞，有钙化；血管壁增厚；严重时在粥样斑块的基础上继发血栓形成，管腔狭小甚至闭塞（图3-27）。

思考题 冠状动脉粥样硬化好发部位是何处？其结局如何？分析患者有何临床表现？

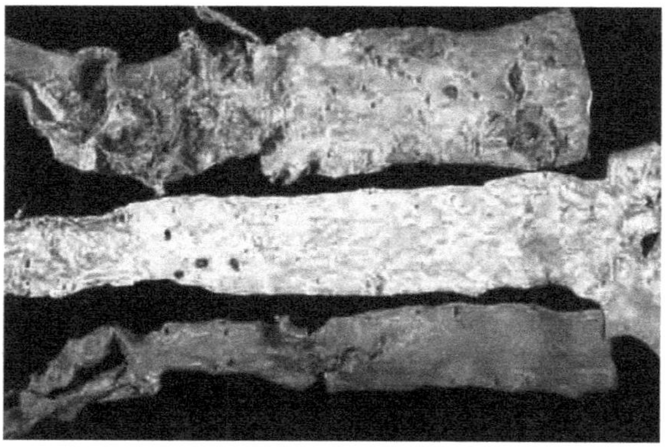

图3-26 主动脉粥样硬化

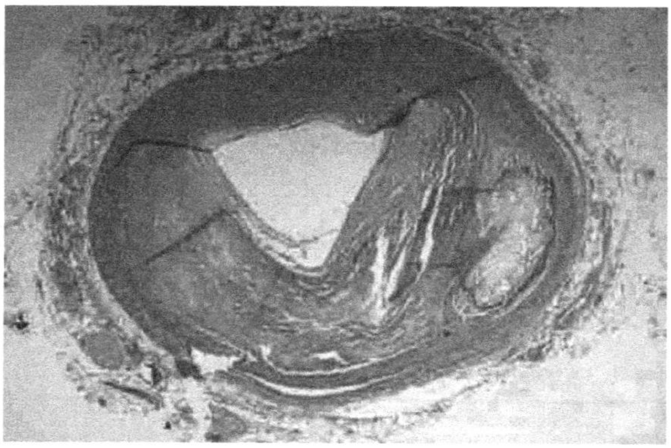

图3-27 冠状动脉粥样硬化

3. 脑底动脉粥样硬化

肉眼观 基底动脉、大脑中动脉和Willis环大小、粗细不等，管壁增厚变硬，透过外膜隐约可见管壁内散在分布的灰黄色或灰白色粥样斑块，致动脉外观呈节段性或串珠状变化；切面见斑块呈新月形突向管腔内，致管腔偏心性狭窄；动脉管腔横切面因管壁硬化、失去弹性而呈喇叭口形哆开状态。

思考题 脑底动脉粥样硬化的结局有哪些？

4. 心肌梗死

肉眼观 心脏纵切面，见左心室前壁靠近心尖处有小片灰白色、形状不规则的梗死灶，其内可见纤维化条纹；部分标本于梗死灶的心内膜面附灰褐色的附壁血栓；有的标本可见梗死灶处室壁向外膨出形成室壁瘤（图 3-28）。

低倍镜　左心室壁见大片不规则红染颗粒状坏死灶。

高倍镜　左心室壁部分坏死灶心肌细胞深红染、核消失，细胞轮廓清晰（属凝固性坏死），坏死的细胞之间有大量中性粒细胞浸润；部分区域属陈旧性梗死，呈现大量肉芽组织增生、机化；部分坏死灶中有明显出血。

思考题　上述附壁血栓和室壁瘤产生的机制和后果是什么？

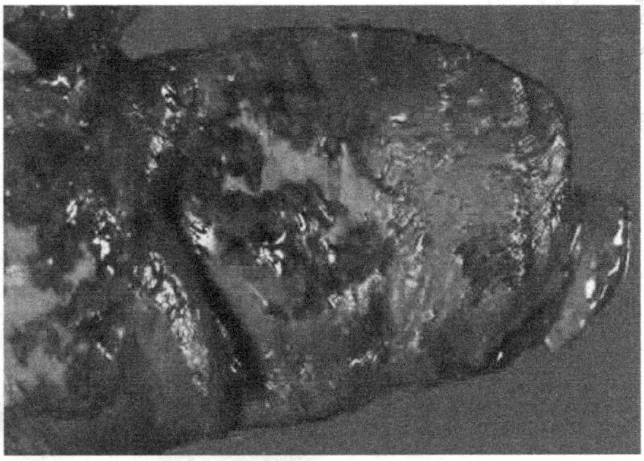

图 3-28　心肌梗死

二、原发性高血压

1. 脑出血

肉眼观　大脑切面显示内囊及脑室。右侧内囊区严重出血，破坏部分脑组织，呈黑色。出血灶的血液破入脑室。此为高血压病时大脑中动脉分支豆纹动脉破裂出血所致。

思考题　脑出血的结局和后果如何？脑出血好发部位在哪里？

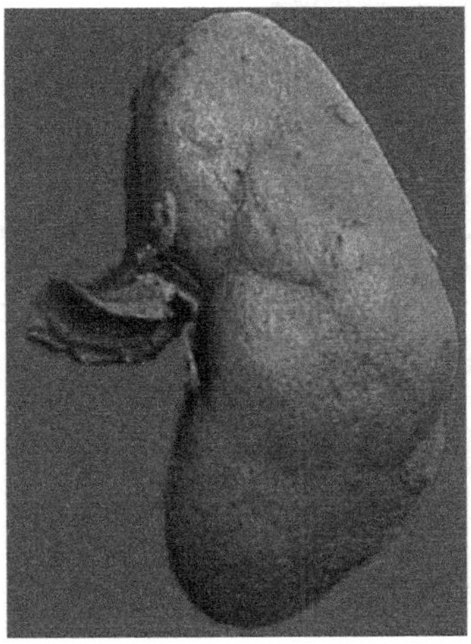

图 3-29　原发性颗粒性固缩肾

2. 原发性颗粒性固缩肾

肉眼观　肾脏体积缩小，质量减轻，50 ~ 100g，质地变硬，表面见均匀弥漫的细颗粒状突起。切面皮质变薄，≤ 2mm（正常厚 3 ~ 5mm），皮髓质交界处的肾小动脉壁增厚变硬，呈鱼口状哆开（图 3-29）。

低倍镜　部分肾小球萎缩，其相应的肾小管亦萎缩，而部分肾小球代偿性肥大，肾小管代偿性扩张。

高倍镜　部分肾小球纤维化和玻璃样变，其相应的肾小管变性、消失，纤维组织增生，淋巴细胞浸润；部分肾小球代偿性肥大和肾小管代偿性扩张；入球动脉玻璃样变及肌型小动脉硬化；间质结缔组织增生及淋巴细胞浸润。

思考题　原发性颗粒性固缩肾形成的原因是什么？为什么其表面呈弥漫的细颗粒状突起？

三、风湿病

1. 风湿性心瓣膜病

肉眼观　二尖瓣闭锁缘上有呈串珠状单行排列的疣状赘生物；疣状赘生物直径 1 ~ 3mm 大小，半透明灰白色、与瓣膜粘连紧密，不易脱落（图 3-30）。

思考题　该病变的赘生物属何种血栓？为什么不易脱落？分析其结局。

2. 风湿性心肌炎

低倍镜　心肌间质内血管附近可见成堆细胞构成的梭形病灶，即风湿小体或阿绍夫小体。

高倍镜　风湿小体中央可见少量红染无结构、呈碎片状的纤维素样坏死物，附近有成团的风湿细胞及少量淋巴细胞、单核细胞浸润；风湿细胞大，核大，核膜清晰，染色质集中于中央，横切面呈枭眼状或纵切面呈毛虫状。风湿细胞可为单核或多核（图 3-31）。

思考题　风湿小体好发部位在何处？风湿病典型病变分期是怎样的？风湿细胞属于哪种类型的炎症细胞？

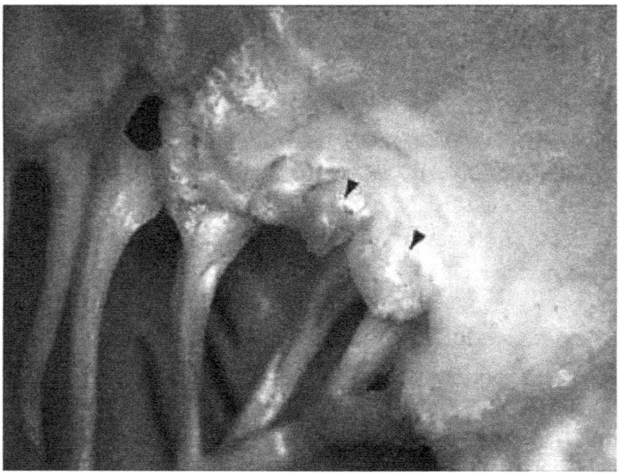

图 3-30　风湿性心内膜炎

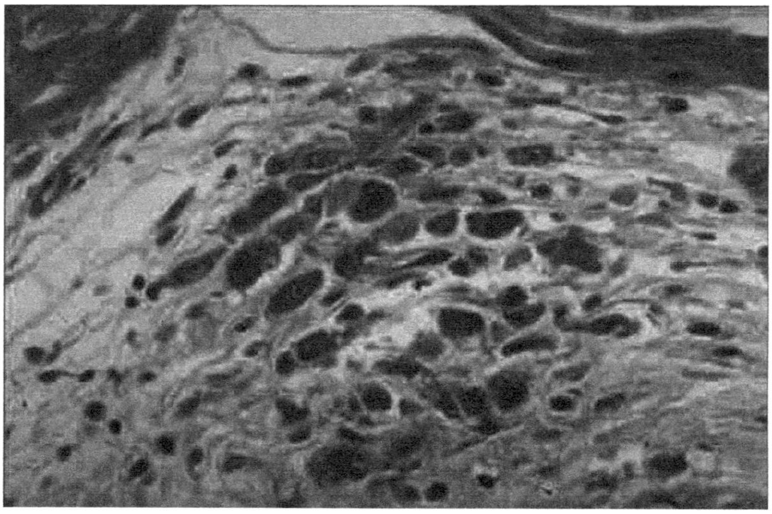

图 3-31　风湿小体

四、急性、亚急性感染性心内膜炎

1. 急性感染性心内膜炎

肉眼观　二尖瓣或主动脉瓣瓣膜上有巨大的松脆的含大量细菌的赘生物；部分赘生物已脱落；有的瓣膜糜烂、穿孔或破裂。

思考题　部分赘生物已脱落，分析可能产生哪些后果？

2. 亚急性感染性心内膜炎

肉眼观　二尖瓣或主动脉瓣上见单个或多个菜花状或息肉状赘生物；赘生物较大，且大小不等，呈污秽灰黄色，质松脆，易脱落可引起栓塞和血管炎。

思考题　仔细观察瓣膜是否有其他陈旧性病变？如风湿性心瓣膜病等。

实验六　呼吸系统疾病

目的要求

（1）掌握大叶性肺炎、小叶性肺炎的病理变化、临床病理联系、并发症及二者的不同点。
（2）掌握慢性支气管炎、阻塞性肺气肿及肺心病的病理变化及其之间的关系。
（3）掌握肺癌的大体和组织学类型及其形态特征。
（4）了解鼻咽癌的病理变化。

【实验内容】

	肉眼标本	切片标本
肺炎	小叶性肺炎	小叶性肺炎
	大叶性肺炎（红肝期）	大叶性肺炎（红肝期）
	大叶性肺炎（灰肝期）	大叶性肺炎（灰肝期）
慢性阻塞性肺疾病		慢性支气管炎
	慢性肺泡性肺气肿	慢性肺泡性肺气肿
呼吸系统常见肿瘤	中央型肺癌	肺小细胞癌
	周围型肺癌	肺鳞状细胞癌
	弥漫型肺癌	鼻咽低分化癌

呼吸系统标本的观察方法：注意观察胸膜有无附着物，支气管管壁结构有无改变，病变主要累及部位是支气管、血管、肺泡还是肺泡壁，如有渗出物，观察渗出物的性质、分布状态及肺泡结构有无破坏等。

一、肺炎

1. 小叶性肺炎

肉眼观　肺表面和切面上有散在分布的多发性实变病灶，病灶大小不等，一般直径在1cm左右（相当于肺小叶范围），以两肺下叶及背侧较多。病灶形状不规则，色暗红或灰黄色，质实，多数病灶中央可见受累的细支气管，挤压可见淡黄色脓性渗出物溢出。严重者病灶互相融合成片。

低倍镜　①病变呈小灶状分布，以细支气管为中心，或病灶内有细支气管，病灶间的肺泡腔代偿性扩张；②病变中心细支气管腔内有炎性渗出物，管壁充血，炎细胞浸润，其周围的肺泡壁毛细血管扩张、充血，肺泡腔内可见炎性渗出物。

高倍镜　①受累的细支气管壁充血水肿，中性粒细胞浸润，黏膜上皮细胞坏死脱落，管腔内充满大量中性粒细胞、浆液、脓细胞、脱落崩解的黏膜上皮细胞；②支气管周围受累的肺泡壁毛细血管扩张充血，肺泡腔内见中性粒细胞、脓细胞、脱落的肺泡上皮细胞，尚可见少量红细胞和纤维素；③病灶周围肺组织呈不同程度的代偿性肺气肿或肺不张。肺组织内各病灶可呈炎症的不同发展阶段，病变不一致，有的表现为炎性充血水肿，浆液渗出；有些病灶表现为细支气管炎及细支气管周围炎；有些则呈化脓性病变，支气管及肺泡壁遭破坏（图3-32）。

思考题　小叶性肺炎的病变特点是什么？为什么同一病灶内色泽不同？

2. 大叶性肺炎，红色肝样变期

肉眼观　①病变肺叶体积增大饱满，质实如肝，颜色暗红；②病变区与正常肺组织界线较清楚，切面红褐色，略呈粗糙颗粒状；③胸膜表面可有纤维素性渗出物。

低倍镜　肺泡壁毛细血管扩张充血，肺泡腔内充满炎性渗出物。

高倍镜　肺泡壁毛细血管扩张充血，肺泡腔内为大量渗出的纤维素和漏出的红细胞，纤维素细丝状交织成网，其间有少量中性粒细胞和巨噬细胞，部分区域可见纤维素穿过肺泡间孔与相邻肺泡腔内的纤维素网相连接（图 3-33）。

思考题　病变区域为何变实呈红褐色？此时患者为什么会有呼吸困难、胸痛和咳铁锈色痰的临床表现？

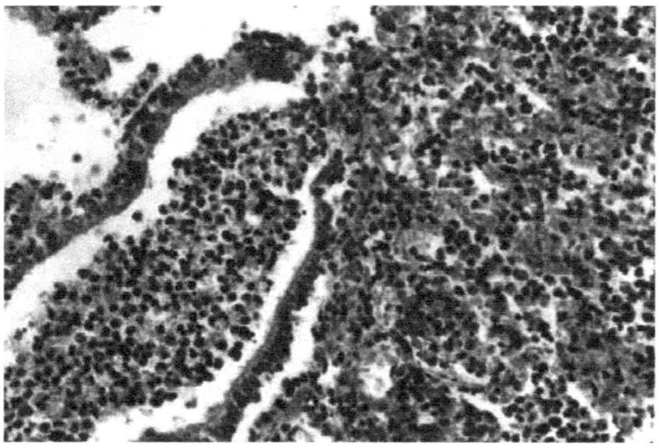

图 3-32　小叶性肺炎

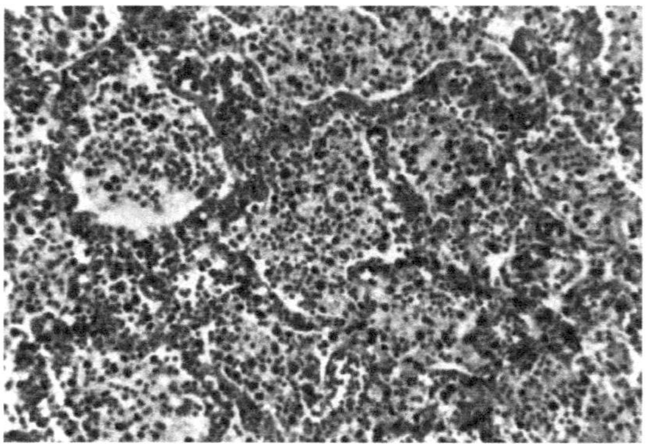

图 3-33　大叶性肺炎红色肝样变期

3. 大叶性肺炎，灰色肝样变期

肉眼观　①病变肺叶肿大，质实如肝，颜色灰白；②病变区与正常肺组织界线较清楚，切面灰白色，干燥粗糙；③病变相应部位的胸膜表面饱满，有少量呈絮状或颗粒状的纤维素渗出（图 3-34）。

低倍镜　可见肺组织结构存在，所有肺泡腔内有炎性渗出物，无正常肺泡；肺泡壁变窄，其内毛细血管受压，呈贫血状态；胸膜明显增厚，血管扩张充血，可见少量纤维素及炎细胞渗出。

高倍镜　①肺泡腔内充满炎性渗出物，各肺泡腔内渗出物的数量和性质大致相似，显示病变分布一致。②肺泡腔内渗出物以丝网状的纤维素为主，网眼中见大量中性粒细胞，个别肺泡腔内仍有少量红细胞，相邻肺泡之间纤维素连接现象更为多见。③部分肺泡内纤维素溶解，中性粒细胞变性，有单核细胞浸润。④肺泡腔内渗出物较多者，肺泡壁变窄，其内毛细血管受压，呈贫血状态。相反，部分渗出物少或溶解者，肺泡壁毛细血管明显，并见扩张。⑤支气管壁、肺泡间隔等结构一般无明显破坏，亦未见化脓性炎现象（图 3-35）。

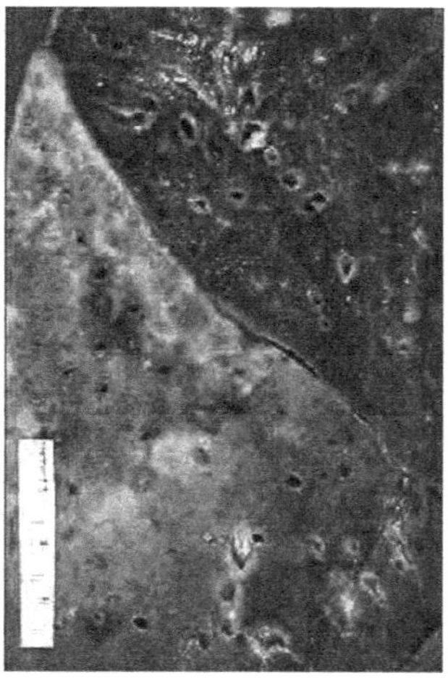

图 3-34　大叶性肺炎灰色肝样变期

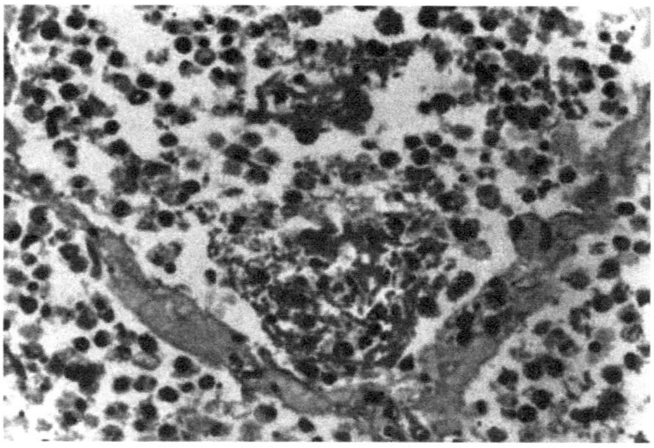

图 3-35　大叶性肺炎灰色肝样变期

思考题 大叶性肺炎灰色肝样变期有许多中性粒细胞渗出，为什么不属于化脓性炎症？此期较前一期临床表现又有何不同，为什么？

二、慢性阻塞性肺疾病

1. 慢性支气管炎

低倍镜 可见肺组织固有结构尚存，病变部位主要在细小支气管壁。部分支气管扩张，腔内可见脓性渗出物和黏液；黏液腺肥大、增生；部分管壁平滑肌束断裂、萎缩，软骨变性、萎缩。

高倍镜 ①部分支气管黏膜上皮纤毛黏连、倒伏甚至脱失，上皮细胞变性、坏死、脱落及杯状细胞增生，伴有鳞状上皮化生；②黏膜下腺体肥大、增生，部分浆液腺发生黏液腺化生；③支气管壁各层组织充血、水肿，淋巴细胞、浆细胞及中性粒细胞浸润。支气管周围肺组织内亦有淋巴细胞、浆细胞浸润，呈炎症蔓延状；④支气管周围肺组织可见肺气肿变化。

思考题 本片中有较多的中性粒细胞浸润，为什么？慢性支气管炎患者咳痰的病变基础是什么？

2. 肺气肿

肉眼观 标本为慢性阻塞性肺气肿。肺组织呈弥漫性膨大，边缘钝圆，颜色苍白，切面呈蜂窝状。这是因为肺泡腔内充满气体，肺泡扩张所致。肺组织柔软而弹性差，压痕不易消退；部分可见直径超过 1cm 的大疱（大疱性肺气肿），有时在肺膜下可见直径超过 2cm 的大泡（肺大泡），乃肺泡扩张破裂所致。

低倍镜 肺泡管、肺泡囊及肺泡腔呈弥漫性、囊状扩张，细小支气管壁增厚，有慢性炎症改变。

高倍镜 重点观察肺泡和肺泡间隔的变化：①肺泡明显扩张，间隔变窄断裂，扩张的肺泡融合形成较大的含气囊腔，肺泡壁毛细血管受压且数量减少；②肺小动脉内膜纤维性增厚，细小支气管壁有淋巴细胞、单核细胞浸润。

思考题 通过上述病理形态变化推测患者临床上有何表现？肺气肿时，肺内含气量增多，为什么患者往往表现为缺氧症状？肺气肿与肺心病的发病机制是什么？

三、呼吸系统常见肿瘤

1. 肺癌

肉眼观

（1）中央型肺癌：肺门部可见一灰白色肿块，与主（叶）支气管关系密切，形状不规则或呈分叶状，呈浸润性生长，支气管壁被癌组织侵犯破坏，与正常组织界线不清；切面灰白色、干燥、质脆，可有坏死；肺门淋巴结明显肿大，往往还伴有支气管旁、气管旁等淋巴结肿大（图 3-36）。

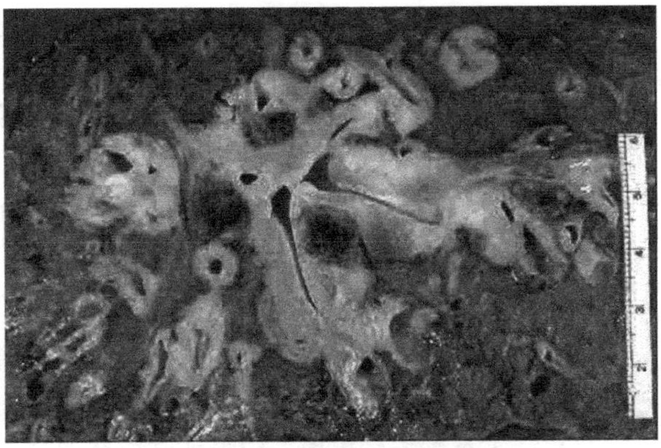

图 3-36 中央型肺癌

（2）周围型肺癌：肺叶周边部近胸膜处见单个结节或球形肿块，与支气管的关系不明显；肿瘤直径 2 ~ 8cm，切面灰白色，边界较清楚，无包膜。

（3）弥漫型肺癌：肺表面和切面可见大小不等的多发性结节，弥漫分布于多个肺叶，灰白色，质脆，与周围肺组织分界不清楚，很像肺炎实变病灶，但仔细辨认可见病变为较硬的增生结节（图 3-37）。

2. 肺小细胞癌

低倍镜　大部分肺组织消失，为癌组织代替；癌细胞呈巢团状、片状分布，无鳞癌和腺癌的排列结构；间质有较多胶原纤维，分布于癌巢之间。

高倍镜　癌细胞较小，大小不甚一致，呈圆形、椭圆形、燕麦形，胞质少，核染色深，几乎呈裸核状，可见病理性核分裂象；癌组织与相邻肺组织之间无明显界线，且肺组织中可见少数小巢状的癌细胞，为癌组织浸润性生长的表现（图 3-38）。

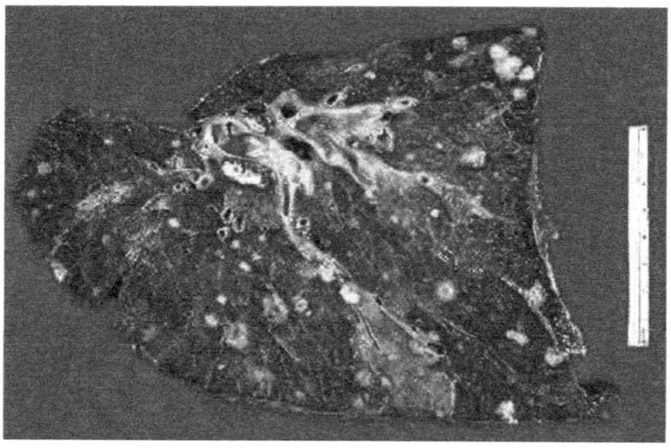

图 3-37　弥漫性肺癌

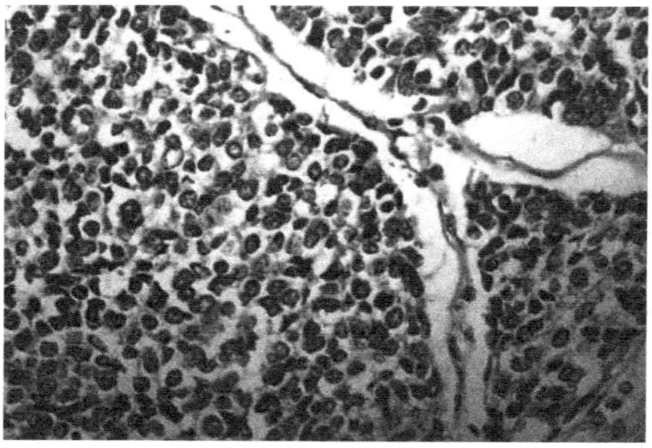

图 3-38　肺小细胞癌

3. 肺鳞状细胞癌

低倍镜　肺组织内有许多大小不等、形态不一的癌巢，部分癌巢中央有大片坏死，癌巢主要位于软骨和腺体周围。

高倍镜　癌细胞有明显异型性，癌细胞间可见少量细胞间桥，部分癌巢内有少量角化物；间质内有淋巴细胞和中性粒细胞浸润。

思考题

肺癌的组织学分类有哪些？什么是上腔静脉综合征？什么是 Horner 综合征？

4. 鼻咽低分化癌

低倍镜　本切片取材于鼻咽部。可见少量残存的黏膜，其余大部分正常组织被肿瘤组织所取代。肿瘤组织呈巢状分布。

高倍镜　可见癌巢大小不等，形状不规则，与间质界线不太明显。癌细胞体积较大，胞质丰富，细胞境界不清，核大呈空泡状，圆形或椭圆形，核膜清楚，核仁大而明显。癌细胞间常见淋巴细胞浸润。

思考题　鼻咽癌的临床表现是什么？鼻咽癌目前主要的治疗方法是什么？

实验七　消化系统疾病

目的要求

（1）掌握消化性溃疡病、门脉性肝硬化基本病变特点和临床病理联系。

（2）熟悉各种类型病毒性肝炎的病变特点和临床病理联系。

（3）熟悉食管癌、胃癌、原发性肝癌及大肠癌形态特点；了解其组织学类型和临床表现。

【实验内容】

	肉眼标本	切片标本
胃炎	慢性浅表性胃炎	慢性浅表性胃炎
消化性溃疡病	胃溃疡	胃溃疡
病毒性肝炎	急性普通型肝炎 急性重型肝炎 亚急性重型肝炎	急性普通型肝炎 急性重型肝炎 亚急性重型肝炎
肝硬化	门脉性肝硬化	门脉性肝硬化
消化系统常见恶性肿瘤	胃管状腺癌 肝细胞癌	胃管状腺癌 肝细胞癌

消化系统标本的观察方法：消化道的切片标本注意按黏膜层、黏膜下层、肌层及浆膜层的顺序依次观察，发现有与正常时不一样的地方，然后注意观察该处的改变。肝切片首先用低倍镜观察切片全貌，注意肝小叶的结构是否完整，找到病灶后结合高倍镜观察，注意肝细胞有无变性坏死，排列如何，库普弗（Kupffer）细胞有无肿大与增生，汇管区有无病变。

一、胃炎

慢性浅表性胃炎

肉眼观　病变呈局灶性或弥漫性，黏膜充血、水肿、深红色，表面有灰白色或灰黄色分泌物，有时伴有点状出血或糜烂。

低倍镜　炎性仅限于黏膜浅层即黏膜层上 1/3。

高倍镜　胃黏膜结构尚完整，部分区域胃黏膜覆盖上皮脱落，固有层腺体保持完整，有淋巴细胞、浆细胞等慢性炎细胞浸润，部分区域淋巴细胞增生，形成淋巴滤泡。

思考题　慢性浅表性胃炎临床表现有哪些?

二、消化性溃疡

胃溃疡

肉眼观　溃疡呈圆形或椭圆形，大小不一，直径多在 2cm 左右，边缘整齐，底部平坦，干净，仅有少量渗出物。溃疡周围黏膜皱壁呈放射状走行并达溃疡的边缘。从溃疡的切面观察，有的已深达肌层及浆膜层，在溃疡底部相对的浆膜面，可见纤维脂肪组织增生，使局部增厚、粗糙，表面附有少量渗出物（图 3-39）。

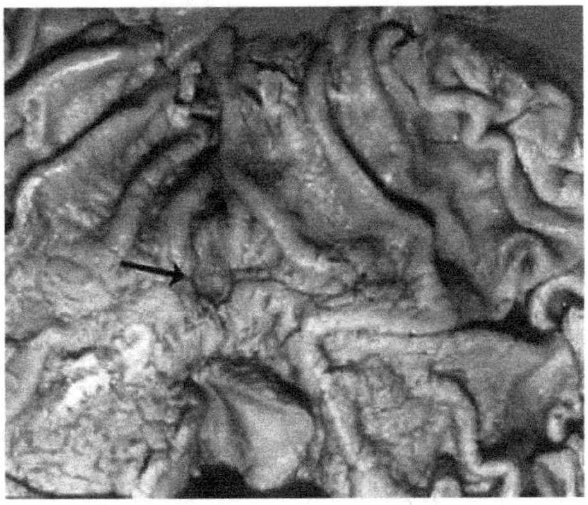

图 3-39　胃溃疡

低倍镜　观察切片，可见胃组织中央有一斜置漏斗形缺损，即为溃疡，两侧为正常胃组织。镜下溃疡底部从内至外由四层结构组成：炎性渗出层、坏死组织层、新鲜肉芽组织层、瘢痕组织层，各层之间相互移行。溃疡两侧的胃壁组织尚完整，在黏膜固有层及其余各层均有淋巴细胞浸润。

高倍镜　①上层的少量炎性渗出物主要由浅红色的

纤维素网及中性粒细胞组成；②其下坏死层，主要为深红色、颗粒状无结构的坏死物质；③再下方的肉芽组织层，为大量新生的毛细血管和成纤维细胞组成的幼稚的结缔组织，其间有不等量的炎细胞浸润；④最下方为瘢痕层，为大量致密的纤维结缔组织，可发生玻璃样变性，有的动脉内膜增厚致管腔狭窄或血栓形成。

思考题　为什么要注意溃疡的大小和形状?

三、病毒性肝炎

1. 急性普通型肝炎

肉眼观　肝体积轻度增大，质地变软，被膜紧张，表面光滑。

低倍镜　肝组织小叶结构正常，但肝细胞弥漫性肿大，因而肝细胞索排列稍紊乱，肝窦受压变狭窄几乎不可见。

高倍镜　①大部分肝细胞肿大呈球形，胞质疏松、透明，即为气球样变；②单个或数个肝细胞皱缩，胞质浓染，嗜酸性增强，核固缩，称为嗜酸性变；③部位肝细胞出现点状坏死；④在坏死灶内、汇管区及被膜下有以淋巴细胞为主的炎症细胞浸润（图 3-40）。

思考题　此型肝炎的临床病理联系及结局如何?

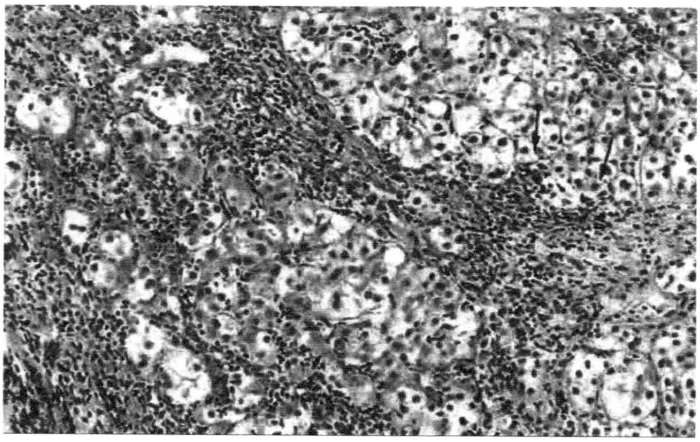

图 3-40　慢性普通型肝炎

2. 急性重型肝炎

肉眼观　肝体积明显缩小，尤以左叶为甚，一般减至 600 ~ 800g（正常 1500g 左右）。质量减轻、质地柔软，可以折叠，肝表面被膜皱缩。由于肝细胞的广泛变性、坏死，其中有散在的出血灶，而使肝表面及切面呈黄色，或者红褐色，部分呈不规律的红黄相同的斑纹状，肝结构模糊不清。

低倍镜　肝组织正常结构破坏，肝索解离、肝细胞崩解，形成弥漫性大片坏死。亦可见残留的网状纤维支架。

高倍镜　仅小叶周边部残留少许变性的肝细胞，肝窦明显扩张、充血，甚至出血。库普弗细胞增生肥大，并吞噬细胞碎屑及色素。小叶内和汇管区淋巴细胞及巨噬细胞浸润。

思考题　根据镜下所见，推测急性重型肝炎患者可有哪些临床表现？

3. 亚急性重型肝炎

肉眼观　肝体积缩小，被膜皱缩不平，质地软硬不一。切面呈黄绿色，可见坏死区及小岛屿状再生结节。

低倍镜　肉眼观察切片标本中有红、蓝两种不同染色区域。低倍镜下红色区域为大片肝细胞坏死，肝细胞坏死被吸收后留下网状支架，有明显的充血、出血；蓝色区域为增生的结缔组织及胆小管。

高倍镜　坏死区边缘可见再生的肝细胞，呈大小不一的结节状。再生的肝细胞体积大，嗜碱性增强，核大且染色较深，可出现双核。部分新生小胆管未形成管腔（即假胆管）。结缔组织中有大量淋巴细胞浸润。

思考题　本型肝炎的组织学特点是什么?

四、肝硬化

门脉性肝硬化

肉眼观　肝体积缩小，质量减轻，质地变硬，表面和切面见弥漫性分布的小结节，大小较一致，直径 0.1~0.5cm，周围为增生的纤维组织条索包绕，肝被膜明显增厚（图 3-41）。

低倍镜　正常肝小叶结构被破坏，由广泛增生的纤维组织将肝小叶分割包绕成大小不等、圆形或椭圆形的肝细胞团，形成许多假小叶。假小叶大小不一、圆形或椭圆形；中央静脉偏位、多个或缺如；部分假小叶内可见汇管区结构。包绕假小叶的纤维间隔较窄且宽窄一致，其内有多少不等的慢性炎细胞浸润，可见新生的细小胆管和假胆管。

高倍镜　假小叶由结节状增生的肝细胞组成：肝细胞排列紊乱，部分肝细胞呈小灶性坏死，部分肝细胞有脂肪变性及再生现象，再生的肝细胞体积大，胞质丰富，核大浓染，常出现双核（图 3-42）。

思考题　门脉性肝硬化临床上出现哪些表现?

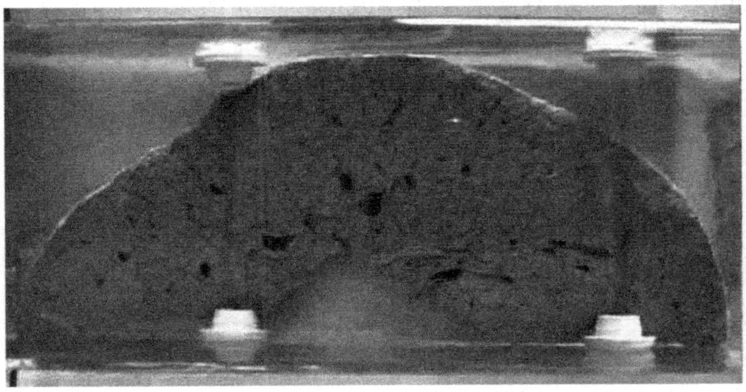

图 3-41　门脉性肝硬化（肉眼观）

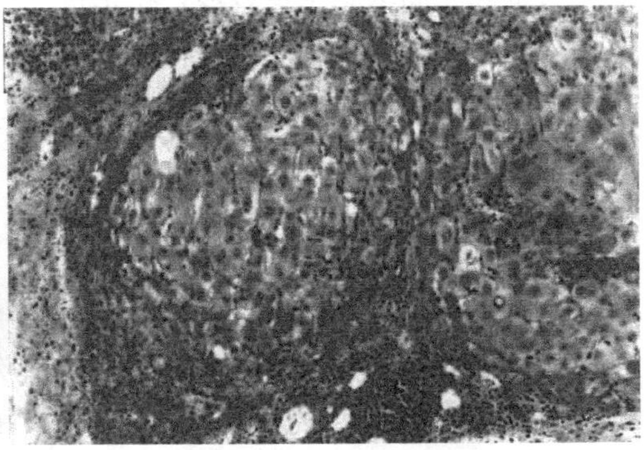

图 3-42　门脉性肝硬化（镜下观）

五、消化系统常见恶性肿瘤

1. 胃管状腺癌

肉眼观　①息肉型或蕈伞型：癌组织向黏膜表面呈息肉状或蕈状突入胃腔内。切面癌组织呈灰白色，质硬，向胃壁内浸润。②溃疡型：肿瘤多位于胃小弯近幽门部，因中央破溃在胃黏膜面形成一大溃疡（直径常＞2.0cm）；溃疡外形不规则或呈皿状、火山口状；边缘隆起，底部凹凸不平，有出血及较多的坏死物质。溃疡周围黏膜皱襞肥厚（黏膜下肿瘤浸润所致），黏膜皱襞呈断裂现象。③浸润型：癌组织向胃壁内呈局限或弥漫浸润，与周围正常组织无明显分界；当弥漫浸润时，胃腔变小，黏膜皱襞大部分消失，由于同时伴有大量纤维结缔组织增生，致使胃体积缩小，胃壁增厚、变硬，胃的形状似皮革制成的囊袋，称革囊胃（图 3-43）。

低倍镜　此切片为胃管状腺癌（高分化）。组织的一侧见较整齐染色稍蓝的正常胃黏膜层：

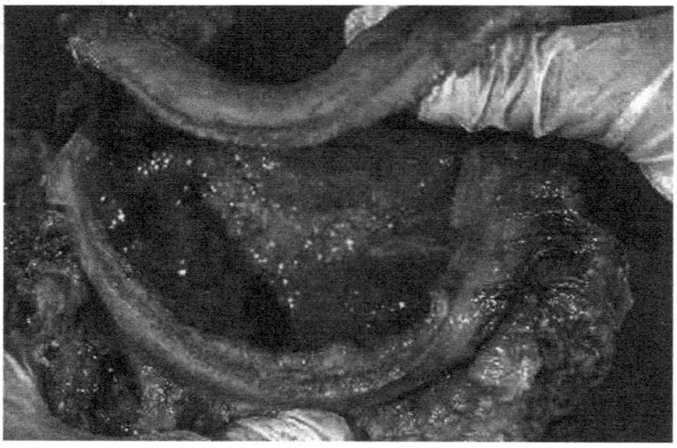

图 3-43　革囊胃

黏膜腺体均为单直管腺，向表面垂直，彼此互相平行排列；腺腔大小、形状基本一致。

高倍镜　腺上皮细胞基本呈单层排列，细胞大小、形状、染色较一致。癌组织由大小不等、形状不规则、染色较深的腺腔（癌巢）组成，相邻腺体有共壁、背靠背现象；癌组织大部分浸润至黏膜下层及肌层；癌细胞层次增多，排列紊乱，极性消失；癌细胞分化尚好，但其大小、形态及染色深浅不一，可见病理核分裂象。

思考题　试比较良、恶性溃疡的肉眼形态特点。

2. 肝细胞癌

肉眼观　①巨块型肝癌：切面可见巨大实体肿块。儿头大小，圆形，占据整个肝右叶，瘤块质地较软，切面呈灰白色或黄褐色，中心部常有出血坏死。周边常有散在卫星状瘤结节。周围肝组织无硬化。②多结节型肝癌：伴肝硬化改变，癌结节散在、椭圆形、大小不等、直径由数毫米至数厘米，可融和，形成较大的癌结节。被膜下的癌结节向表面隆起，使肝表面不平。切面呈褐绿色，有时可见出血。③弥漫型：癌组织在肝内弥漫性分布，无明显的结节形成，常伴有肝硬化。

低倍镜　癌组织形成不规则团块，邻近正常肝细胞索，受压紧密平行排列，肝细胞体积变小。

高倍镜　癌细胞呈多边形，较正常肝细胞大，核质比增大。核大，圆形或椭圆形，染色深。癌细胞呈小梁状或巢状排列（假肝索），小梁间为血窦（假肝窦）。有的癌细胞排列成腺样结构。

思考题　哪些肝硬化易发生癌变？

实验八　泌尿系统疾病

目的要求

（1）掌握急性弥漫性增生性肾小球肾炎、慢性肾小球肾炎的病变特点和临床病理联系。

（2）熟悉其他各型肾小球肾炎、IgA 肾病的病变特点及临床病理联系。

（3）掌握慢性肾盂肾炎的病变特点，了解其临床病理联系。

（4）了解肾癌和膀胱癌的病变特点及组织学类型。

【实验内容】

	肉眼标本	切片标本
肾小球肾炎	急性弥漫性增生性肾小球肾炎 慢性肾小球肾炎	急性弥漫性增生性肾小球肾炎 新月体性肾小球肾炎 轻微病变性肾小球肾炎 局灶性节段性肾小球硬化 慢性肾小球肾炎
肾盂肾炎	慢性肾盂肾炎	慢性肾盂肾炎
泌尿系统肿瘤	肾细胞癌 膀胱移行细胞癌	肾细胞癌

一、肾小球肾炎

1. 急性弥漫性增生性肾小球肾炎

肉眼观　①表面：（双）肾体积轻～中度增大，包膜紧张，表面光滑，灰白或淡红色（新鲜时应呈红色）；②切面：皮质增厚，皮髓分界清楚，表面或切面可见粟米大出血点。

低倍镜　肾小球体积增大，细胞数目增多，肾球囊变窄。

高倍镜　①肾小球病变广泛，肾小球体积增大，细胞数目增多，系膜细胞、毛细血管内皮细胞不同程度增生（这两种细胞光镜下不易区别），伴中性粒细胞、单核巨噬细胞浸润，毛细血管腔狭小甚至闭塞，肾球囊变窄；②肾小管上皮细胞可有水变性、脂肪变性或玻璃样变，管腔内可见蛋白管型、细胞管型；③间质血管高度扩张充血、水肿及少量炎症细胞浸润（图 3-44）。

思考题　如何用急性弥漫性增生性肾小球肾炎的病变解释其临床表现？

2. 新月体性肾小球肾炎

低倍镜　肾球囊壁层出现新月状结构，而导致球囊腔变狭窄。

高倍镜　肾球囊壁层上皮细胞增生形成月牙形或环形分布的新月体或环形体，肾小管上皮细胞变性（图 3-45）。

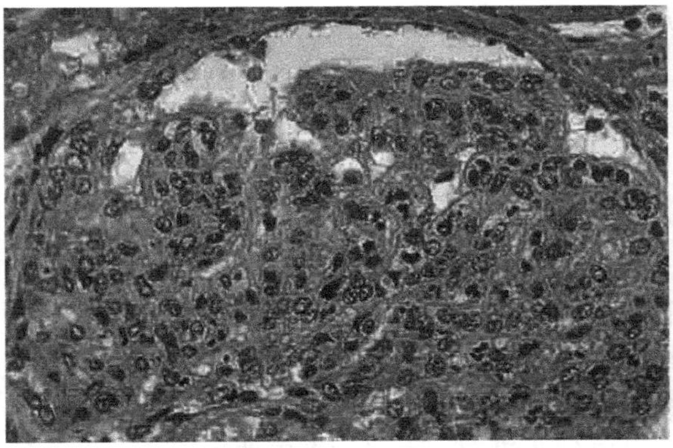

图 3-44　急性弥漫性增生性肾小球肾炎

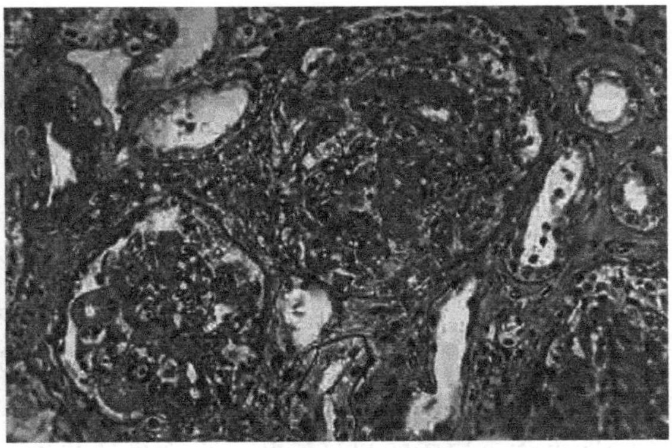

图 3-45　新月体性肾小球肾炎

思考题　新月体性肾小球肾炎的病变与临床症状如何联系？为什么说它不是一种独立性疾病？

3. 轻微病变性肾小球肾炎

低倍镜　肾小球无明显变化。

高倍镜　肾小球无明显变化或仅有轻度节段性系膜增生，主要病变是近曲小管上皮细胞内有大量脂质和玻璃样小滴。

思考题　轻微病变性肾小球肾炎的患者有何临床表现?

4. 局灶性节段性肾小球硬化

低倍镜　病变呈局灶性分布，出现肾小球萎缩，并出现肾小管萎缩和间质纤维化。

高倍镜　肾小球内部分小叶和毛细血管袢内系膜基质增多；基底膜塌陷，透明物质或脂质沉积，引起肾小球硬化，并出现肾小管萎缩和间质纤维化。系膜内和毛细血管内常有脂滴和玻璃样物质沉积。有时可见吞噬脂类的泡沫细胞聚集。以后逐渐波及皮质全层，病变持续发展可引起肾小球硬化，并出现肾小管萎缩和间质纤维化。

思考题　局灶性节段性肾小球硬化的患者有何临床表现?

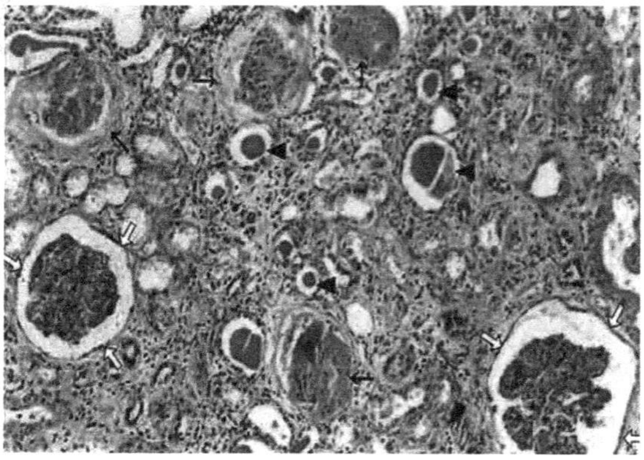

图 3-46　慢性肾小球肾炎

5. 慢性肾小球肾炎

肉眼观　（双）肾体积对称性明显缩小，质量减轻，质地变硬、颜色变深，表面有弥漫性细颗粒状突起；切面：皮质变薄，边缘变钝，皮髓分界不清；小动脉管壁增厚、变硬，血管断面呈哆开状，肾盂周围脂肪组织增多。

低倍镜　病变区肾单位出现萎缩，代偿肾单位则发生肥大。肾小球由于纤维组织增生而发生相互靠拢的现象。

高倍镜　①肾小球：部分肾小球不同程度纤维化，最终变为红染、均质、无结构的玻璃样小体，称玻璃球，相应的肾小管萎缩以至消失，萎缩区域由纤维结缔组织增生取代，入球小动脉玻璃样变、管壁增厚，管腔狭窄甚至闭塞；另一部分肾小球代偿性肥大，相应肾小管不同程度扩张，其中可见较多红染、均质的蛋白管型。②肾间质纤维结缔组织增生及慢性炎症细胞浸润。③间质小血管壁增厚、玻璃样变性、纤维化呈洋葱皮样，管腔变窄（图 3-46）。

思考题　为什么该病变表面有弥漫性细颗粒状突起？推测该患者会有哪些临床表现？

二、肾盂肾炎

慢性肾盂肾炎

肉眼观　①肾表面变形：有粗大而不规则的凹陷性瘢痕，肾表面凹凸不平，肾体积变小、质地变硬、质量减轻；②切面：肾盂肾盏高度变形，肾乳头萎缩，肾盂黏膜增厚，粗糙。肾盂周围脂肪组织增生。请分析产生这种肉眼形态特点的机制。

低倍镜　肾间质慢性化脓性炎症，间质明显纤维化，肾小管坏死、萎缩。

高倍镜　①肾盂黏膜增厚，细胞层次增多，黏膜下水肿及慢性炎症细胞浸润；②肾间质慢性化脓性炎症，间质明显纤维化，有多量的浆细胞、淋巴细胞浸润，有时有淋巴滤泡形成，中性粒细胞浸润有时可有小脓肿形成；③肾小管坏死、萎缩，少数肾小管扩张有均质红染的胶样管型，部分肾小管内可见白细胞管型；④晚期病变波及肾小球，表现为肾球囊周围纤维化，最终包绕肾小球使其纤维化玻璃样变。

思考题　慢性肾盂肾炎与慢性肾小球肾炎在病因、发病机制、病理改变及临床表现方面有何区别？

三、泌尿系统肿瘤

1. 肾细胞癌

肉眼观　肿瘤位于肾的一极，呈圆形或类圆形，直径 3 ~ 15cm；切面：分界清楚，有假包膜，有时可见卫星结节，呈多色性改变：出血、坏死、囊性变、钙化等。

低倍镜　肾脏可见片状或条状癌巢，其中癌细胞体积大，胞核颜色较深。

高倍镜　癌细胞体积大，边界清楚，呈多角形，胞质清亮透明（因所含脂质和糖原制片时被溶解），细胞核小，深染；癌细胞排列呈条索状、片巢状、腺管状；间质少，血管非常丰富；部分区域伴坏死及玻璃样变。

思考题　肾细胞癌有哪些病理类型？

2. 膀胱移行细胞癌

肉眼观 位于膀胱侧壁或三角区，分化好者，体积较小，乳头明显，有的呈息肉状、有蒂或窄基；分化差者，体积大，呈菜花、溃疡或斑块状，宽基无蒂，有出血、坏死或继发感染。

思考题 一老年男性患者无诱因出现无痛性血尿，可能的病因是什么？各有何病变特点？

实验九 生殖系统和乳腺疾病

目的要求

（1）掌握宫颈癌、乳腺肿瘤的常见组织学类型及形态特点。

（2）熟悉慢性宫颈炎的形态特点及类型。

（3）熟悉常见卵巢肿瘤的形态特点。

【实验内容】

	肉眼标本	切片标本
子宫颈疾病	慢性宫颈炎 宫颈原位癌 宫颈鳞状细胞癌	慢性宫颈炎 宫颈原位癌 宫颈鳞状细胞癌
子宫体疾病	子宫内膜增生症 子宫内膜癌 子宫平滑肌瘤	子宫内膜增生症
乳腺疾病	纤维性囊性乳腺病 硬化性腺病 乳腺纤维腺瘤 乳腺单纯癌	纤维性囊性乳腺病 硬化性腺病 乳腺纤维腺瘤 小叶原位癌 乳腺单纯癌
卵巢肿瘤	卵巢浆液性乳头状囊腺癌 卵巢多房性黏液性囊腺瘤 良性畸胎瘤	卵巢浆液性囊腺瘤
滋养细胞疾病	葡萄胎 侵蚀性葡萄胎 绒毛膜上皮癌	葡萄胎 侵蚀性葡萄胎 绒毛膜上皮癌
睾丸和阴茎肿瘤	阴茎癌 精原细胞瘤	精原细胞瘤
前列腺疾病	前列腺增生症	前列腺增生症

一、宫颈疾病

1. 慢性宫颈炎

肉眼观 宫颈炎区糜烂状，急性炎症时鲜红色，颗粒状，触之易出血。增生显著者可形成宫颈息肉和潴留囊肿。肥大型者宫颈肥厚，质硬，表面光滑，乳白色。

低倍镜 宫颈黏膜下有大量淋巴细胞浸润，血管扩张充血、水肿。被覆上皮细胞脱落或发生鳞状上皮化生，腺体也可有鳞状上皮化生。有时可见腺体潴留囊肿（子宫颈腺囊肿）或炎性息肉。

2. 宫颈原位癌

肉眼观　多发于子宫颈管鳞 - 柱状上皮交界处，肉眼与子宫颈糜烂无明显区别。局部黏膜潮红、粗糙或呈微细颗粒状，质脆易出血（图 3-47）。但两者染色不同，可用 Schiller 碘试验加以区别，由于癌细胞内缺乏糖原而不能被碘所染色。

低倍镜　子宫颈鳞状上皮全层不典型增生与癌变，细胞排列紊乱层次不清，极性消失，但基底膜尚完整，间质无浸润。

高倍镜　癌细胞有明显异型性，大小不等，形态不一，核大深染，核大小、形状不一，染色质增粗，核分裂象易见。细胞排列紊乱，极性消失。有时可见原位癌累及腺体的现象。但鳞状上皮及腺体基底膜均完整。

诊断要点：①子宫颈上皮全层癌变；②基底膜完整

3. 宫颈鳞状细胞癌

肉眼观　①糜烂型：与宫颈糜烂相似，局部黏膜潮红、粗糙或呈微细颗粒状，质脆易出血，多属早期癌（原位癌或早期浸润癌）。②外生型：肿块息肉状、结节状、乳头状或菜花状，突起于宫颈表面，灰白色，质脆（图 3-48）。③内生型：癌组织向宫颈管浸润，呈溃疡状或结节状，癌组织灰白、质硬。宫颈体积增大，部分增厚；宫颈外口和子宫体未见肿瘤浸润。④溃疡型：癌组织除向深部浸润外，表面同时有大块坏死脱落，形成溃疡，形似火山口状。

低倍镜　癌组织突破基底膜向深部浸润性生长，成巢状，部分癌巢中心形成红染角化物质（角化珠），间质有大量纤维结缔组织，实质与间质分界清楚。

高倍镜　癌细胞异型性明显、核质比例增大，核分裂象易见；癌细胞间有时可见细胞间桥；间质可见多量炎细胞浸润。

诊断要点：①癌细胞多边形，核大；②癌细胞聚集成巢，可见细胞间桥和角化珠。

思考题　宫颈癌有哪些病理类型？如何蔓延和转移？会引起哪些后果？

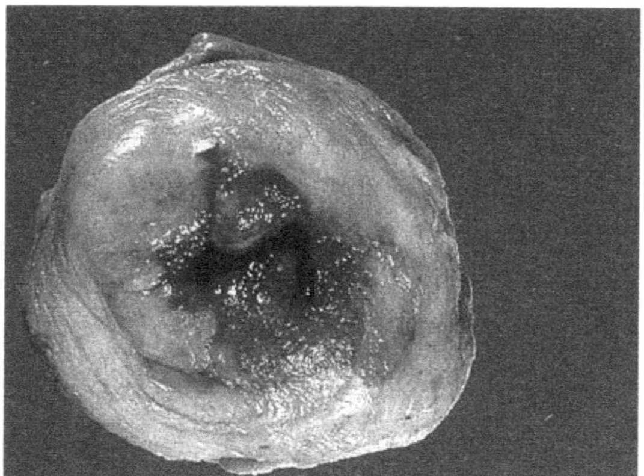

图 3-47　宫颈原位癌

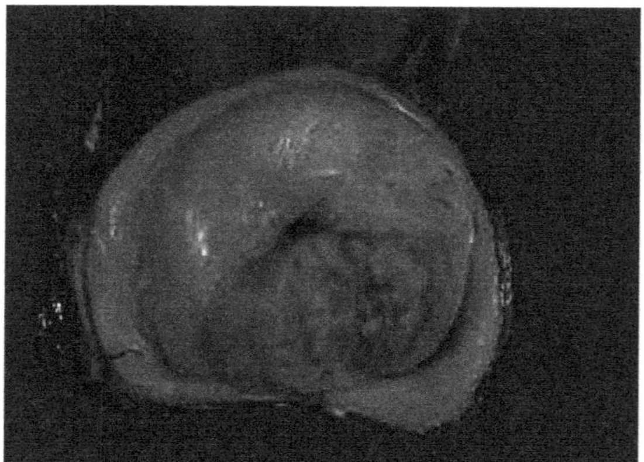

图 3-48　宫颈鳞状细胞癌

二、子宫体疾病

1. 子宫内膜增生症

肉眼观　病变子宫内膜弥漫性增厚，可达 10mm 以上，表面光滑、柔软，有时局限性增生可呈息肉状。

高倍镜　有以下三种类型：①单纯性增生：腺体数量增加，某些腺体扩张成小囊。腺上皮细胞无异型性，单层或假复层，与增生期子宫内膜相似。②复杂性增生：腺体明显增生并密集排列相互拥挤，有“背靠背”现象，腺腔轮廓不规则。腺上皮细胞也可呈乳头状增生。③非典型增生：在复杂性增生的基础上，伴有上皮细胞异型性，细胞极性紊乱，体积增大，核大深染，核仁增大，可见多少不等的核分裂象。

2. 子宫内膜癌

肉眼观　癌组织使子宫内膜显著增厚，表面粗糙不平，可有不规则的乳头状突起或呈息肉突向宫腔，灰白质脆，常有出血、坏死或溃疡形成，并浸润子宫肌层。

3. 子宫平滑肌瘤

【肉眼观察】可发生于子宫肌层、黏膜下或浆膜下，呈圆形或卵圆形结节。肿瘤质硬，边界清楚。切面隆起，灰白或淡粉红色，肌纤维束纵横交错，编织状。可单发和多发。

三、乳腺疾病

1. 纤维性囊性乳腺病

肉眼观　常为双侧，多灶小结节性分布，边界不清，由末梢导管和腺泡扩张形成囊肿，囊肿大小不一，多少不等。

镜下观　囊肿被覆的上皮可为柱状或立方状，但多数为扁平上皮，特别是较大囊肿或上皮完全缺如，仅见厚的纤维性囊壁；腔内偶见钙化。增生性纤维囊性变除了囊肿形成和间质纤维增生外，可见末梢导管和腺泡上皮的增生（图 3-49）。

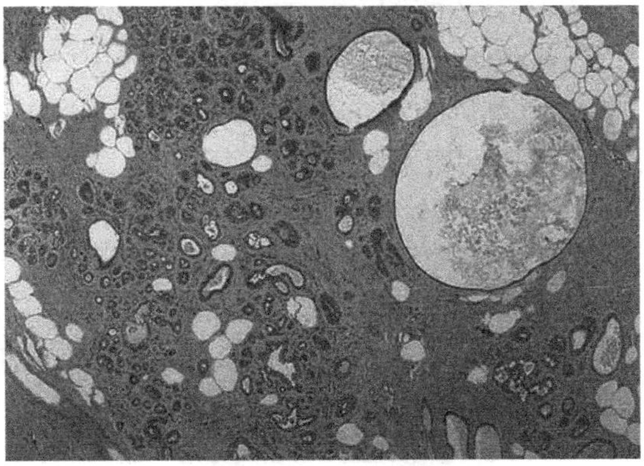

图 3-49　纤维囊性乳腺病

2. 硬化性腺病

肉眼观　病变体积较小，扁平，盘状，多结节结构，切面灰白质硬，与周围乳腺界限不清。

镜下观　乳腺小叶腺泡数目增加，小叶体积增大，轮廓尚存。小叶内显著纤维化、小导管上皮、腺泡上皮、肌上皮细胞增生。

3. 乳腺纤维腺瘤

肉眼观　肿瘤呈结节状（球形），边界清楚，有包膜。切面灰白色，可见交叉分布之纤维条索，实性，质地均匀。并可见不规则的小裂隙（增生和扩张的小导管）。

镜下观　肿瘤由两种成分组成：一种为乳腺上皮细胞增生，形成腺样结构。增生的上皮细胞一般呈单层排列，少数呈复层排列。腺腔圆形或卵圆形，或被周围的纤维结缔组织挤压呈裂隙状。瘤细胞与正常小导管上皮细胞形态、大小颇相似。另一种肿瘤成分为增生的纤维组织，排列疏松，富于黏多糖，其中有少量淋巴细胞浸润。瘤体周围有由纤维组织形成的包膜。

4. 乳腺小叶原位癌

高倍镜　扩张的乳腺小叶末梢导管和腺泡内充满呈实体排列的癌细胞，癌细胞体积较导管内癌的癌细胞小，大小形状较为一致，核圆形或卵圆形，核分裂象罕见。癌细胞局限于小叶内，腺泡基底膜完整，小叶结构尚存（图 3-50）。

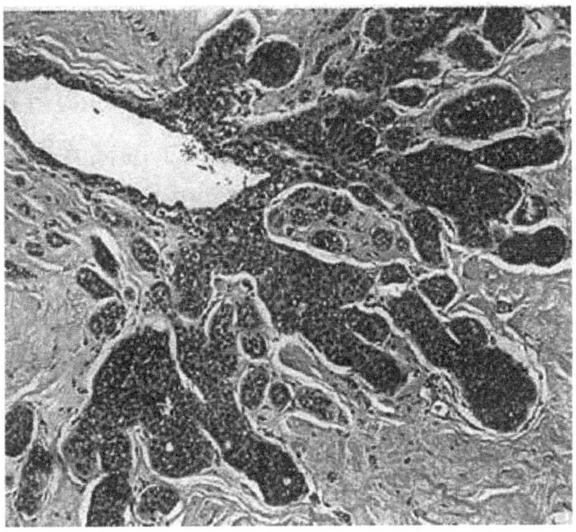

图 3-50　乳腺小叶原位癌

5. 乳腺单纯癌

肉眼观　肿块表面皮肤呈橘皮样外观，乳头凹陷、歪斜。肿瘤切面灰白色、质硬，呈颗粒状，组织结构致密，其内可见黄色点状坏死灶；肿瘤边界不清，癌组织呈蟹足状或星状向周围纤维脂肪组织内浸润。

低倍镜　仅于切片组织的边缘见有少量残存的乳腺组织。癌组织呈实心条索状或片块状结构，呈浸润性生长。间质纤维组织量中等，内有淋巴细胞、浆细胞浸润。部分区域见癌组织出血、坏死。

高倍镜　癌组织呈实性条索状、不规则巢状排列，癌巢之间有纤维结缔组织间隔，间质内可有淋巴细胞、浆细胞浸润。癌细胞有明显异型性，体积大，呈多边形。胞质丰富、淡染；胞核圆形、卵圆形，核染色质增粗，浓染，集结成团块，常见单个或多个核仁，病理性核分裂象常见。

思考题　乳腺癌有哪些大体改变？常见的组织学类型有哪些？如何扩散和转移？

四、卵巢肿瘤

1. 卵巢浆液性囊腺癌

肉眼观　肿瘤呈囊状，外壁光滑，包膜完整，常附输卵管及残留卵巢组织，切面为单房或多房囊腔，囊内壁光滑，可有可无乳头，内含清亮浆液（或灰白半透明浓稠黏液）。

镜下观　囊壁内面被有单层低柱状立方上皮，良性者乳头较宽，上皮为单层，细胞无异型性。交界性瘤细胞为复层，乳头增多，细胞有轻、中度异型性；若有重度异型性或间质浸润即为恶性。

2. 卵巢黏液性囊腺瘤

肉眼观　肿瘤组织呈囊状，表面光滑，切面为大小不等的多房，也可为单房，壁较薄，内壁光滑，一般无乳头，囊内含白色半透明黏稠液体。

思考题　黏液性囊腺瘤与浆液性囊腺瘤区别。

3. 卵巢良性畸胎瘤

肉眼观　又称皮样囊肿，肿瘤呈囊性，切面单房，囊内壁光滑，表面被覆皮肤，囊腔内充满乳白色、黄白色油脂样物，可有毛发、牙齿。

五、滋养层细胞疾病

1. 葡萄胎

肉眼观　有大小不等的透明水泡，壁薄，水泡间有纤细的纤维条索相连，无胚胎或胎儿。

低倍镜　①绒毛间质高度水肿，疏松淡染。②绒毛间质内血管消失。③被覆绒毛表面的两种滋养层细胞不同程度地增生。

高倍镜　绒毛内层为细胞滋养层(朗汉斯细胞层)，细胞滋养层细胞呈圆形或多角形，胞质丰富，疏松，淡染，细胞界线清楚，核空泡状，核膜清楚，可见核仁。外层为合体滋养层，合体细胞体积大，形状不规则，胞质红染，多含空泡，多核，核大深染呈椭圆形。

2. 侵蚀性葡萄胎

肉眼观　子宫腔内所见与葡萄胎相同。但在子宫肌壁切面上可见葡萄状物侵入肌壁，并可破坏血管造成局部血肿。

镜下观　水泡状绒毛或坏死的绒毛侵入子宫肌层内，滋养层细胞增生程度和异型性比葡萄胎显著，常见出血坏死。

3. 绒毛膜上皮癌

肉眼观　子宫增大，宫腔内结节状肿物，向腔内突出。结节为暗褐色，质地松脆，颇似血肿，常侵袭破坏肌层，宫腔壁可有坏死出血之肿块。

低倍镜　切片取自子宫肌壁，在平滑肌内及靠近坏死肌纤维的新鲜出血中，有时在血管内可见条索状、片块状癌细胞团。癌细胞团块或条索间无血管和间质，亦无绒毛结构。有明显出血和坏死。

高倍镜　癌组织由异型的细胞滋养层细胞和合体滋养细胞混合排列成团块或条索状。①异型的细胞滋养层细胞：胞质丰富淡染，细胞境界清楚，核圆形、空泡状，核膜厚，核仁明显。巨核、怪核和核分裂等易见。②异型的合体滋养细胞：细胞融合成片，形态不规则，胞质丰富且染色较红，核长椭圆形，深染。

六、睾丸和阴茎肿瘤

1. 阴茎癌

肉眼观　肿块位于阴茎头，可单个或多个。早期为小结节、小溃疡、疣状或乳头状，病灶常被包皮遮盖。晚期呈菜花状，质脆，有坏死、溃疡形成，侵犯海绵体、尿道。

2. 睾丸精原细胞瘤

肉眼观　睾丸弥漫性肿大，肿瘤有明显界限，但无包膜，黄白色，均质状，较软。

镜下观　瘤细胞形态与原始生殖细胞相似，排列成巢状，有纤细的纤维组织间隔，间质中有淋巴细胞浸润。瘤细胞由单一细胞组成，细胞较大，圆形或多边形，细胞膜清晰，胞质透亮，核大圆形，居中，核仁显著。

七、前列腺疾病

前列腺增生症

肉眼观　前列腺体积增大，质量增加，呈结节状，切面可见大小不一的蜂窝状腔隙，可挤出奶白色液体。

镜下观　前列腺的纤维组织、平滑肌和腺体均有不同程度的增生。腺泡数量增多，腺腔扩大，上皮细胞也可呈乳头状或形成皱折向腔内突出，腺腔内常含有淀粉小体。

实验十　淋巴造血系统疾病

目的要求

（1）熟悉淋巴瘤的组织来源及分类特点。

（2）掌握霍奇金和非霍奇金淋巴瘤的诊断要点、各型病变特点。

（3）了解常见急、慢性白血病的临床病理特点。

【实验内容】

	肉眼标本	切片标本
非霍奇金淋巴瘤	滤泡性淋巴瘤 弥漫性大 B 细胞淋巴瘤 Burkitt 淋巴瘤	滤泡性淋巴瘤 弥漫性大 B 细胞淋巴瘤 Burkitt 淋巴瘤
霍奇金淋巴瘤	霍奇金淋巴瘤	霍奇金淋巴瘤（混合细胞型）

一、淋巴样肿瘤

1. 滤泡性淋巴瘤

肉眼观　淋巴结标本，球形，直径约 4 cm，包膜完整，切面灰白色，均匀、细腻、鱼肉状。

低倍镜　淋巴结正常组织结构已破坏，为呈结节性增生的瘤细胞所占；成“肿瘤性滤泡”遍布整个淋巴结。肿瘤性滤泡为圆形或椭圆形，紧密排列，有的互相融合呈不规则分叶状，染色较淡，与周围分界较清楚，没有小淋巴细胞外套。仔细观察，滤泡内外成分一样，均为增生的肿瘤细胞。

高倍镜　肿瘤性滤泡主要由中心细胞和中心母细胞混合组成。中心细胞的体积小至中等大，核形态不规则、有裂沟，核仁不明显，胞质稀少。中心母细胞的体积较大，比正常淋巴细胞大 2~3 倍，核圆形或卵圆形，有 1~3 个近核膜的核仁。

思考题　根据 WHO 淋巴瘤分类方法，滤泡性淋巴瘤如何分级？

2. 弥漫性大 B 细胞淋巴瘤

肉眼观　淋巴结标本，呈结节状，切面灰白色，质软，鱼肉状。

低倍镜　淋巴结正常组织结构已完全破坏，淋巴结被弥漫性肿瘤组织所取代，被膜及其周围组织亦见瘤细胞浸润。

高倍镜　大多数瘤细胞体积较大，瘤细胞的直径为小淋巴细胞的 4~5 倍。胞质红染，核较大，呈圆形或卵圆形，核膜光滑，有单个或多个核仁。瘤细胞间可见少量纤维组织或薄壁血管。

思考题　弥漫性大 B 细胞淋巴瘤是属于低度、中度还是高度恶性的淋巴瘤？

3. Burkitt 淋巴瘤

肉眼观　肿瘤呈鱼肉状，伴出血坏死。淋巴结周围可被肿瘤包围。

低倍镜　淋巴结正常组织结构已完全破坏，为弥漫性浸润的瘤细胞所取代，淋巴结被膜及周围组织内均可见大量瘤细胞浸润。

高倍镜　大多数瘤细胞核圆形或卵圆形，胞质透亮，核居中央，呈圆形，核内有 2~4 个小核仁，核分裂象易见。瘤细胞之间散在分布胞质丰富而透亮的反应性巨噬细胞，呈“满天星”图像。

思考题　该型预后如何？

二、霍奇金淋巴瘤

霍奇金淋巴瘤（混合细胞型）

肉眼观　淋巴结标本，鸡蛋大小，被膜正常存在，表面略呈结节状，切面灰白色，鱼肉状，质稍硬。

低倍镜　淋巴结大部分组织结构被破坏，由大量增生的瘤细胞所取代，瘤细胞成分复杂，由大量单核、双核及多核的 R-S 细胞、小淋巴细胞、嗜酸粒细胞和浆细胞混合组成。瘤组织内可见核分裂和坏死。

高倍镜　典型 R-S 细胞细胞体积大，胞质丰富，嗜弱碱性，胞核大，染色质沿核膜排列，使核膜增厚，深染，核中央可见一大而圆的嗜酸性核仁，核仁与核膜间可见一空晕。多核 R-S 细胞核 3 ～ 5 个，形态相似。双核的 R-S 细胞两核等大并列，都有大而红的核仁，如镜中之影，称为镜影细胞（图 3-51）。

思考题　霍奇金病有哪些类型？哪些细胞具有诊断意义？

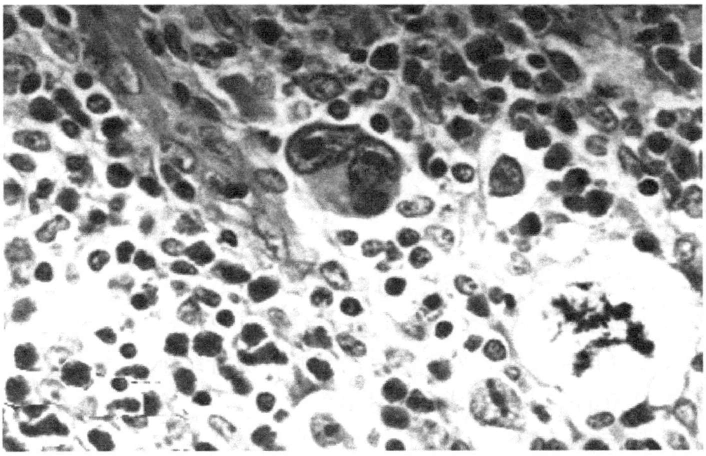

图 3-51　霍奇金淋巴瘤

实验十一　传染病与寄生虫病

目的要求

（1）掌握结核病的基本病变及转化规律；原发性肺结核病变特点及传播途径；继发性肺结核主要类型及病变特点。

（2）掌握伤寒、细菌性痢疾和常见性传播性疾病的病变特点和发病机制。

（3）了解血吸虫的病理变化和临床病理联系。

【实验内容】

	肉眼标本	切片标本
结核病	急性肺粟粒性结核病 慢性纤维空洞型肺结核 浸润性肺结核 结核球 淋巴结结核 肾结核病	急性肺粟粒性结核病 淋巴结结核 肾结核病
伤寒	肠伤寒	肠伤寒（髓样肿胀期）
细菌性痢疾	细菌性痢疾（肠）	细菌性痢疾（肠）
流行性脑脊髓膜炎	流行性脑脊髓膜炎	流行性脑脊髓膜炎
性传播性疾病	梅毒（树胶样肿） 梅毒疹	梅毒（树胶样肿） 梅毒疹
血吸虫病	血吸虫性肝硬化 肠血吸虫病	血吸虫性肝硬化 肠血吸虫病
阿米巴病	肠阿米巴 阿米巴肝脓肿	肠阿米巴

一、结核病

结核病是由结核杆菌引起的一种慢性肉芽肿病，以肺结核最为常见，典型的病变是结核结节的形成并伴有不同程度的干酪样坏死。

1. 肺粟粒性结核病

肉眼观　在肺的表面和切面上，可见散在的、大小相似的、分布均匀的、境界清楚的、灰白带黄的粟粒状结核病灶。

镜下观　以增生性病变为主，也伴有渗出、坏死性病变。增生性病变形成结核结节，具有一定的诊断特征。可见肺组织内散在的结核结节。结核结节的中央为红染的干酪样坏死物质或纤维化组织、上皮样细胞、朗汉斯巨细胞，外围见淋巴细胞，成纤维细胞等。

思考题　构成结核结节的主要细胞成分是什么？

2. 慢性纤维空洞型肺结核

肉眼观　肺叶大部分因纤维组织增生而失去正常结构，变成致密组织样，其中可见一厚壁空洞，形状不规则，洞壁附有较多的黄白色的干酪样坏死物质，外层为较厚的增生的纤维结缔组织。其他部位散在多个大小不等灰黄色病灶（图 3-52）。

思考题　慢性纤维空洞型肺结核是如何发展而来的？其病变有何特点？镜下表现如何？结局怎样？

3. 肺结核球

肉眼观　肺内可见一个孤立的、有纤维包裹的、境界清楚的球形干酪样坏死病灶，病灶直径 2 ～ 5cm，多为单个，一般位于肺上叶（与周围型肺癌鉴别）。病灶往往呈分层结构，形似洋葱皮样（图 3-53）。

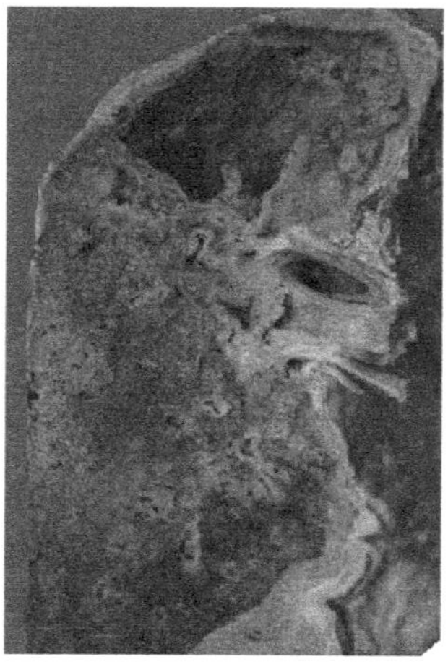

图 3-52　慢性纤维空洞型肺结核

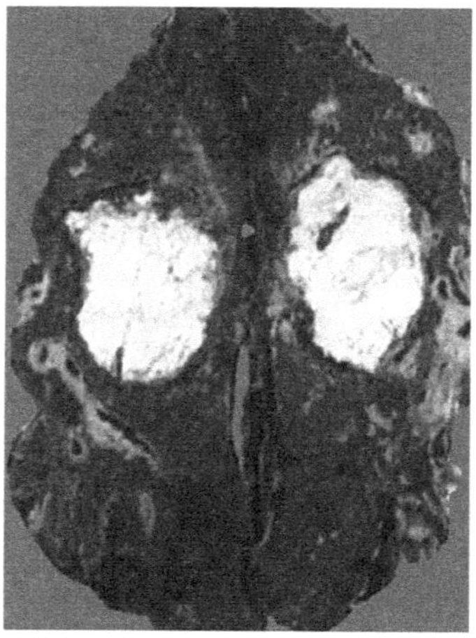

图 3-53　肺结核球

4. 浸润性肺结核

【肉眼观察】 肺上叶的上部相当于锁骨以下区域有一个黄白色干酪样坏死灶，病灶较大，中间坏死脱落，周围边界模糊，有小的炎性渗出病灶。干酪样坏死物液化经支气管排出后可形成急性空洞。

5. 淋巴结结核

肉眼观　淋巴结肿大，切面灰黄，多个淋巴结肿大，相互融合。

低倍镜　淋巴组织中有散在结核结节，较大者为多个结核结节相互融合而成。典型的结核结节中央有干酪样坏死、一个或多个朗汉斯巨细胞，周围为环形或放射状排列的上皮样细胞，外层为增生的成纤维细胞及淋巴细胞围绕（图 3-54）。

高倍镜　朗汉斯巨细胞体积大，形态不规则，胞质丰富、淡红染，胞核数目多，多排列在细胞的边缘呈花环状、马蹄形（半圆形）或密集在胞体的一端，少数细胞的胞核排列不规则。上皮样细胞的特点是胞质丰富、淡红染，细胞界线不清，有分支与邻近细胞相连，胞核染色质细。部分区域见片状或灶性红染颗粒状无结构物质，此为干酪样坏死。

6. 肾结核病

肉眼观　肾体积增大，表面凸凹不平。切面皮髓质分界不清，肾实质内有大小不一的干酪样坏死灶，将肾脏结构大部分破坏，部分坏死物质液化破溃入肾盂、肾盏而形成大小不等的不规则空洞，空洞内可见干酪样坏死物。

镜下观　大部分肾组织已遭破坏，可见多个结核结节，结核结节由上皮样细胞、朗汉斯巨细胞、成纤维细胞、淋巴细胞组成。有些结核结节可见干酪样坏死，为红染的、无结构的、颗粒状物质。

思考题　肾的结核空洞是怎样形成的？常导致什么后果？

二、伤寒

肉眼观　（髓样肿胀期）部分回肠组织，黏膜下集合淋巴滤泡高度肿胀，呈椭圆形向表面突出，表面高低不平，形似脑回状。（坏死期）肿胀的淋巴滤泡发生坏死，其表面粗糙，失去光泽，坏死组织黏膜脱落形成溃疡，溃疡长轴与肠长轴平行，边缘隆起，表面被污秽的胆汁附着，呈黄绿色。

低倍镜　回肠黏膜淋巴组织明显增生，局部隆起。切片中可见增生的淋巴滤泡，浅表黏膜已发生坏死。

高倍镜　表面黏膜因受压变薄，部分区域已坏死，结构模糊，淋巴小结原有结构已经消失，溃疡底部见到大量增生的巨噬细胞（伤寒细胞），细胞体积较大，呈圆形或卵圆形，胞质丰富，核呈圆形或肾形，多数细胞体内有淋巴细胞、红细胞及一些细胞碎片（图 3-55）。

思考题　肠伤寒溃疡期常引起什么并发症及后果？

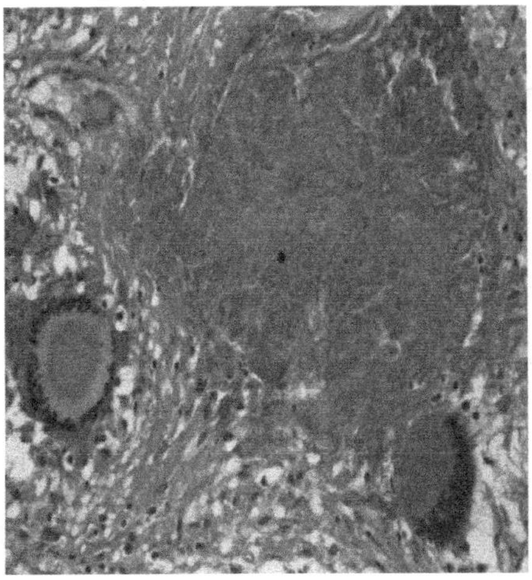

图 3-54　淋巴结结核

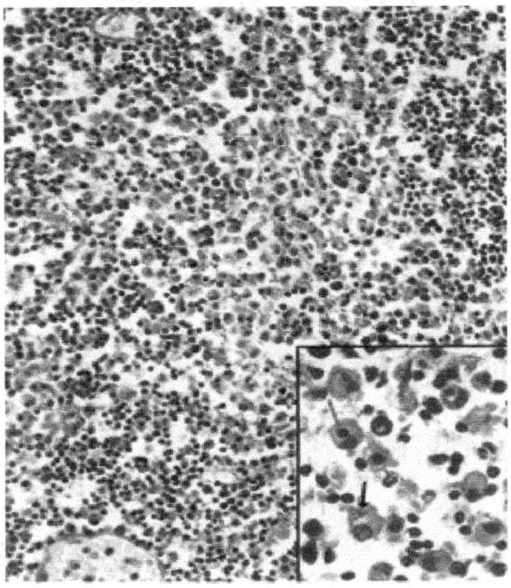

图 3-55　伤寒（肠）

三、细菌性痢疾

肉眼观　标本为一段结肠，黏膜面覆盖糠皮样膜状物（假膜），部分已脱落，形成不规则溃疡，溃疡一般较浅表、较小，新鲜标本溃疡之间肠黏膜呈现充血、水肿等急性炎症表现。

低倍镜　结肠肠壁黏膜层、黏膜肌层及部分黏膜下层结构尚可辨认，多数黏膜上皮已坏死，与渗出的纤维素及炎细胞组成假膜，黏膜下充血、水肿，有大量急性炎细胞浸润。

高倍镜　肠壁黏膜腺体及黏膜肌层尚可辨认，间质明显充血、水肿，有急性炎细胞浸润。

思考题　细菌性痢疾属于哪种炎症类型？为何腹泻常伴里急后重？

四、流行性脑脊髓膜炎

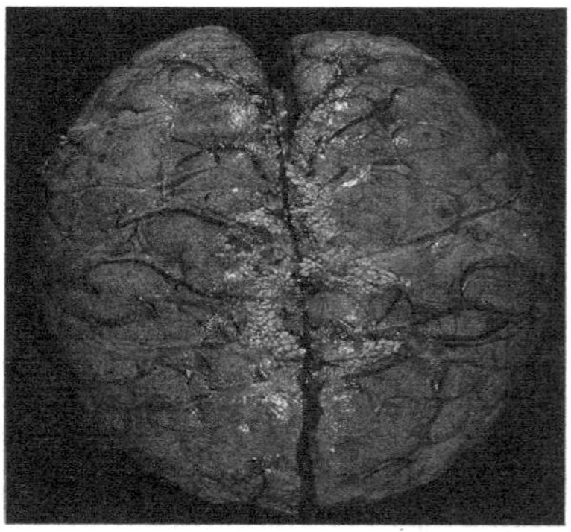

图 3-56　流行性脑脊髓膜炎

肉眼观　蛛网膜下腔有灰白色脓液、灰黄色或黄绿色脓液渗出，覆盖于脑表面，使脑回和脑沟结构模糊，脑血管明显扩张充血，脓液表面覆盖一层很薄的膜即为蛛网膜，脓性渗出物位于该膜下面和软脑膜上面（即蛛网膜下腔）（图 3-56）。

镜下观　分清蛛网膜、蛛网膜下腔和软脑膜三层结构。见蛛网膜下腔增宽，有大量脓性渗出物积聚。渗出物为脓性，主要为中性粒细胞及脓细胞。血管扩张、充血。脑实质变化不明显。

思考题　流行性脑脊髓膜炎的临床病理联系是什么？

五、性传播性疾病

1. 梅毒（树胶样肿）

肉眼观　初起为硬结，逐渐增大，而后形成溃疡。该肉芽肿质韧有弹性，如树胶，故而得名树胶样肿。

低倍镜　三期梅毒树胶样肿皮损活检，见真皮内广泛肉芽肿改变，有大量巨细胞及明显的炎细胞浸润，主要有大量淋巴细胞、浆细胞和上皮样细胞，间质小血管扩张，内皮细胞肿胀。管壁内有中性粒细胞，小血管周围也有明显炎性细胞浸润。

高倍镜　见梅毒螺旋体呈弯曲螺旋状。用荧光标记的抗梅毒螺旋体抗体染色，可见染成绿色荧光的梅毒螺旋体。

思考题　何谓树胶样肿？

2. 梅毒疹

肉眼观　皮肤可见到米粒到指甲大红色斑丘疹，表面覆银白色鳞屑，皮疹散在分布、境界清楚，似银屑病样，但不痒。

镜下观　二期梅毒皮疹处表皮不规则增生，真皮有多量炎细胞浸润，以浆细胞为主。

六、血吸虫病

1. 血吸虫性肝硬化

肉眼观　表面：肝体积变小、变形，凹凸不平，并有浅沟纹（肝内增生的纤维结缔组织收缩所致），质地变硬；切面：增生的结缔组织沿门静脉分支呈树枝状分布，故称为干线型或管道型肝硬化。

低倍镜　可见肝组织内有卵圆形或不规则形的血吸虫虫卵结节，主要位于汇管区，有少数散在于肝小叶内。

高倍镜　门管区及沿门静脉分支处纤维结缔组织高度增生，其中可见急性虫卵结节和慢性虫卵结节。仔细观察，大多数虫卵结节的结构是：①虫卵为一个或数个，呈淡红色，有的可见圆形、深红色之头腺，卵壳皱缩或破裂，有的卵壳外有红染的放射状焰样物质。②虫卵周围有少许嗜酸粒细胞、上皮样细胞、淋巴细胞及纤维组织增生。③少数虫卵结节中可见多核异物巨细胞。④部分虫卵结节周围有片状变性、坏死的肝细胞。⑤个别结节为急性虫卵结节。

2. 肠血吸虫病

肉眼观　肠壁增厚变硬，黏膜皱襞大部分消失，其上散在多个大小不等的表浅溃疡，部分肠黏膜增生有小息肉形成。

【光镜观】肠壁各层有成堆的虫卵沉着，尤以黏膜下层为主。虫卵沉积处有假结核结节形成，有的虫卵则已钙化，周围纤维结缔组织增生，有嗜酸粒细胞及慢性炎症细胞浸润。

思考题　何谓嗜酸性脓肿？

七、阿米巴病

1. 肠阿米巴病

肉眼观　急性期：黏膜表面在似纽扣样略凸起于黏膜表面的病灶，中央有小溃疡，周围有充血出血，切面溃疡呈烧瓶状，病灶之间的黏膜相对正常。慢性期：肠壁黏膜增厚，黏膜皱襞消失，有息肉形成，溃疡较少见。

镜下观　肠壁黏膜缺损形成有诊断意义的烧瓶状溃疡，深达黏膜下层，溃疡处有较多红染无结构的坏死物。与正常组织交界处的坏死组织中可找到阿米巴滋养体：圆形，20 ～ 40m, 核小而圆、隐约可见，胞质略嗜碱性，其中可见被吞噬的红细胞、淋巴细胞及组织碎片（图 3-57）。

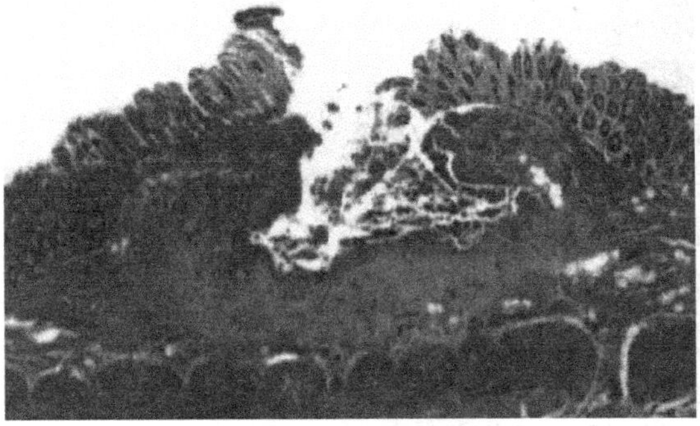

图 3-57　肠阿米巴病

2. 阿米巴肝脓肿

肉眼观　病灶多位于肝右叶。切面：肝右叶见一大空洞，其内容物大部分已流失，仅残留少量棕褐色果酱样坏死物；洞壁上见较多灰黄色破棉絮状物，系不易坏死的胆管血管和汇管区的结缔组织。

思考题　肠阿米巴病的病理变化与细菌性痢疾有何区别？

（王秀莲　苗宇船　熊　凡　李　萍　姜　霞　李能莲　唐　群　陈　丽　李瑞琴　高爱社）

第四篇 病理生理学实验

实验一 炎症的局部表现、血管通透性改变

目的要求

（1）熟悉急性炎症动物模型建立的方法。

（2）观察急性炎症时局部的红、肿、热、痛及功能障碍等表现。

（3）观察炎症时血管通透性的改变，加深对炎症的基本病理变化的理解。

实验原理 引起炎症的因素很多，本实验以松节油（化学因素）为主要致炎因子，通过未经灭菌的注射器（含一定的生物致炎因子），注入实验家兔耳部皮下，造成家兔皮下急性炎症。观察急性炎症时是否出现红、肿、热、痛和功能障碍五大局部临床表现；再经对侧耳缘静脉注射1%台盼蓝（染料）观察家兔两耳出现蓝色的时间及分布情况，了解炎症对血管通透性的影响。

实验动物 家兔。

仪器与试剂 1ml注射器，松节油，理发推剪，手术剪，直尺，卡尺，皮肤温度计，兔架，松节油，1%台盼蓝溶液，生理盐水。

实验步骤

（1）实验前一天先用推剪（或手术剪）剪去一侧兔耳壳背面短毛，直至耳根，然后在去毛的耳壳背面下1/3处，皮下注射松节油0.2ml。（可于另一侧耳壳相应位置皮下注射生理盐水0.2ml，作为对照。需注意局部消毒。）

（2）翌日，观察家兔耳壳注射松节油及生理盐水部位的局部变化，并记录。观察指标：

1）颜色：用直尺测量局部发红直径。

2）厚度：用卡尺测量肿胀部位厚度。

3）温度：用皮肤温度计测量局部皮肤温度。

4）血管变化：数目、清晰度。

5）兔耳功能：比较两侧兔耳的功能。

（3）于健侧兔耳的（注射生理盐水侧）耳缘静脉，缓慢注入1%台盼蓝溶液（3.0ml/kg），然后观察局部出现蓝染情况，用直尺测量蓝染范围。并继续观察局部肿胀及皮肤温度。

实验结果 实验结果记录于表4-1中。

表4-1 观察家兔急性炎症局部表现及血管通透性改变

观察指标	颜色	厚度	温度	血管变化	耳功能
对照耳					
炎症耳					

思考题　炎症局部可出现红、肿、热、皮肤蓝染、耳郭下垂的发生机制如何?

实验二　局部血液循环障碍

目的要求

(1) 熟悉局部血液循环障碍各种实验模型的复制方法。

(2) 熟悉血栓形成过程中的表现及其发生机制；了解血栓的种类及形态特点。

(3) 熟悉栓塞的类型和对机体的影响，了解体循环静脉栓子运行的途径。

一、空气栓塞

实验原理　于家兔耳缘静脉（或小鼠尾静脉）注入空气后，空气随血流抵达右心，因受血流冲击而形成泡沫。这些泡沫具有很大的压缩性和弹性，可随心脏的收缩、舒张而相应的缩小和扩大，故心脏在舒张期时静脉血不能有效回流，收缩期时亦不能有效的驱血入大动脉，引起严重的循环障碍，甚至发生急性心力衰竭而死亡。同时，部分空气可能通过颈动脉进入脑血管内，造成脑栓塞，也可引起死亡。

实验动物　家兔或小白鼠。

仪器与试剂　10 ml 和 2 ml 注射器各 1 支，烧杯 1 个，大小剪刀各 1 把、镊子 1 把，止血钳 3 把，棉绳或棉线适量。

实验步骤

(1) 取家兔或小白鼠 1 只，于家兔耳缘静脉（或小鼠尾静脉）内注入空气（家兔 3ml/kg，小鼠 2ml），观察动物变化。

(2) 观察空气注射前后家兔（或小白鼠）的呼吸、唇色、瞳孔、四肢肌张力、精神状态等指标的变化并记录。

(3) 待家兔（或小白鼠）呼吸停止后，将动物固定于台板，备皮，然后沿剑突下剪开横膈，并沿双侧肋骨与肋软骨交界处剪断肋骨，充分暴露胸腔，观察心脏病变。

(4) 用棉线结扎心输出口的大动脉、静脉，在近心端和远心端各结扎一道线，于两道结扎线之间剪断血管，把心脏摘出，浸置于盛水的烧杯中，并剪开右心腔，观察心腔中有无气泡逸出。

思考题

(1) 右心房内血气泡沫是如何形成的？

(2) 解释家兔临死前的表现及死因。

二、脂肪栓塞

实验原理　注射植物油后，植物油在血流中形成油滴，随血流在全身流动。此时在显微镜下可观察到肠系膜血管中有脂肪小滴随血流流动，即为脂肪栓子。

实验动物　蛙。

仪器与试剂　显微镜 1 台，蛙板 1 块，组织剪及镊子各 1 把，2ml 注射器 1 支，植物油 10ml。

实验步骤

(1) 取蛙 1 只，用大头针仰面固定于蛙板上。

(2) 用剪刀剪开蛙的腹部，取出肠袢铺开、展平，用大头针固定于蛙板透光洞的软木塞上，再在显微镜下观察肠系膜血流的状况，然后于蛙心腔内注入植物油 0.5ml，观察蛙肠系膜血管内血流中有何变化。

三、蛙肠系膜血管之血栓形成

实验原理　镊子挟压血管后，引起血管内皮细胞的损伤，血管内膜变得粗糙不平，血小板极易从血流中分离出来，黏附在受损的血管内皮细胞处，启动凝血过程，进而形成血栓。

实验动物　蛙。

仪器与试剂　显微镜，显微镜蛙板，大头针，组织剪及镊子，棉花球，生理盐水，10%乌拉坦（氨基甲酸乙酯）溶液。

实验步骤

（1）用 10%氨基甲酸乙酯溶液 1 ～ 2ml 注入蛙背淋巴囊内，或用金属探针破坏蛙之脊髓。

（2）然后将蛙腹部向上固定于显微镜蛙板上。剪开左侧腹壁，将胃拉出，用大头针将肠袢固定于蛙板上。选一小静脉，用镊子钳夹之后，在显微镜下观察该部位血管内血栓形成及血流改变的过程。

实验三　高钾血症

目的要求

（1）掌握高钾血症的发病机制。

（2）熟悉高钾血症时动物的心电图变化特征。

（3）了解高钾血症动物模型的复制方法 。

实验原理　高钾血症是临床上常见的电解质紊乱疾病之一，是机体钾代谢紊乱并由此引发的一系列变化的病理生理学过程。当血清钾离子浓度 >5.5nmol/L 时，即为高钾血症。血钾浓度升高可对心肌细胞产生毒性作用造成心肌的膜电位异常，干扰正常心肌细胞的电生理活动，引发多种心律失常，尤其是心室纤颤和心搏骤停。本实验通过静脉输入氯化钾，造成家兔高钾血症，诱发心律失常。心电图的主要改变：因传导性降低，心房去极化的 P 波低平或消失；房室传导的 P-R 间期延长，心室去极化的 R 波降低，相当于 QRS 波的增宽；3 期复极时间和有效不应期缩短，表现为复极化 3 期的 T 波狭窄高耸。高钾血症的特征心电图波形：低平的 P 波、增宽的 QRS 波和高尖的 T 波一起构成的“M”样波形。

实验动物　家兔。

仪器与试剂　BL-820s 生物机能实验系统，动物手术器械，气管插管，静脉输液装置，三通活塞，20% 氨基甲酸乙酯，1% 肝素，10% 氯化钾溶液。

观察指标　动物的心电图变化的特征。

实验步骤

（1）家兔称重后，耳缘静脉注射 20% 氨基甲酸乙酯溶液（2ml/kg）麻醉，然后仰卧固定于兔手术台，颈部剪毛备皮。

（2）在甲状软骨与胸骨切迹之间做颈部正中切口，切口长度约 5cm，然后进行气管插管。

（3）分离颈外静脉和静脉插管：翻开右侧皮肤，即可见颜色暗红且较粗大的颈外静脉。使用血管钳沿血管走行方向小心钝性分离，尽可能将血管外层筋膜分离干净。分离出 2 ～ 3cm 的右侧颈外静脉后，穿双线备用。小心提起右侧颈总静脉近心端线，待静脉充盈后，结扎远心端。并轻轻提起结扎线用眼科剪在结扎处近心端下 0.5cm 处呈 45° 角剪一小斜口（约为血管周径的 1/3）。

插入预先充满肝素生理盐水的连有三通活塞的静脉导管，插入长度为 5 ～ 8cm，插入时注意让静脉导管前端的弯曲朝向家兔身体的左前方，以确保导管口在上腔静脉近右心房入口处，结扎固定。以 10 ～ 15 滴 / 分 缓慢输液，保持颈外静脉输液通道通畅。

(4) 将心电导联线的针型电极分别插入动物四肢端显露部位皮下，导联线输入端连接到 BL-820s 生物机能实验系统记录正常麻醉状态下的Ⅱ导联心电图。用输液器连通颈外静脉导管，开通输液通道，以 15 滴 / 分的速度输入 10% 氯化钾溶液。

(5) 密切观察心电图的变化，当第 1 次出现“M”样波形时，立即停止输入氯化钾溶液，观察 T 波有变矮和 QRS 波群有变窄的趋势后重新输入 10% 氯化钾溶液，以 6 滴 / 分的速度维持 30 分钟。期间如果出现“M”样波形，则立即停止输入氯化钾溶液，有好转趋势则打开。如此反复，直到维持 30 分钟时停止输入。

注意事项

(1) 操作中应尽量减少手术性出血，如有少量出血，可用生理盐水纱布压迫止血。

(2) 各导管和注射器要肝素化并注意导管畅通，随时缓慢推注，以防凝血。

(3) 静脉输入钾离子的剂量和速度要严格控制，输入过快、过多导致动物心脏停搏，动物死亡；输入过慢、过少典型的心电图变化不易出现。

思考题

(1) 高钾血症时动物的心电图变化的特征是什么？

(2) 高钾血症的发病机制是什么？

实验四 实验性缺氧

目的要求

(1) 掌握各型缺氧动物模型的复制方法。

(2) 观察缺氧时呼吸系统的改变及血液颜色的变化。

(3) 了解环境温度改变对缺氧的影响。

实验原理 缺氧是临床上常见的病理过程，根据其原因不同可分为低张性缺氧、血液性缺氧、循环性缺氧及组织性缺氧四种类型。引起低张性缺氧的常见原因有吸入气氧分压过低、外呼吸功能障碍、静脉血分流入动脉。机体对缺氧耐受性又受多种因素影响，如年龄、机体的代谢和功能状态、机体的代偿适应能力等。本实验中将小白鼠放入密闭缺氧瓶内，造成吸入气氧分压降低，从而引起低张性缺氧；在环境温度改变及不同的兴奋状态下，观察其对缺氧的耐受性。血液性缺氧是由于血红蛋白数量减少或性质改变，使血液携带氧的能力降低，或血红蛋白结合的氧不易释出所引起的组织缺氧。本实验利用一氧化碳（CO）和亚硝酸钠中毒的方法，引起血液性缺氧。其中一氧化碳中毒是由于一氧化碳与血红蛋白结合成碳氧血红蛋白（HbCO），使血红蛋白失去携氧能力，同时还使氧合血红蛋白不易释放氧，从而加重缺氧；亚硝酸钠中毒所形成的高铁血红蛋白，可被还原剂美蓝还原成正常血红蛋白，恢复携氧能力，达到抢救的目的。

实验动物 小白鼠。

仪器与试剂 125ml 带密封胶塞的广口瓶，一氧化碳发生装置 1 套，水浴锅，5ml 刻度吸管，1ml 注射器，试管，剪刀，镊子，酒精灯，小天平，甲酸，浓硫酸，生理盐水，5% 亚硝酸钠，10% 氧氧化钠，10% 氨基甲酸乙酯，1% 美蓝溶液。

观察指标 呼吸频率、深度；耳血管口径、数目、颜色；鼻尖部颜色；全身状态、痉挛、排便等情况；存活时间。

实验步骤　为便于实验操作，取 8 只小鼠，按 1 ～ 8 进行编号，然后按以下步骤进行操作：

（1）不同机体状态对缺氧耐受性影响：取体重相近的 1 ～ 3 号小白鼠，其中 1 号小白鼠腹腔内注入 10% 氨基甲酸乙酯溶液 0.3ml，待其翻正反射消失后，将 1 ～ 3 号小白鼠分别放入 3 个广口瓶（图 4-1）内，同时塞紧瓶塞（不得漏气）后立即将装有 2 号小白鼠的广口瓶置于 40 ～ 50℃的水浴锅中，另两瓶置于室温中。观察并记录小白鼠上述指标及症状出现的时间和死亡时间。

（2）CO 中毒性缺氧

1）用吸管吸取甲酸 3ml 放入 CO 发生器（图 4-2）的试管中，沿管壁缓慢加入浓硫酸 2ml，立即塞紧瓶塞，试管内即有 CO 产生。有时可用酒精灯加热试管，加快 CO 的产生速度，但不宜过热以免液体沸腾，因 CO 产生过多、过快可使动物迅速死亡，血液颜色改变不明显。反应式：$HCOOH \rightarrow H_2O+CO\uparrow$

2）将装有 4 号小白鼠的广口瓶连接于 CO 发生器，仔细观察小白鼠有何变化。待小白鼠出现痉挛、跌倒等症状或呼吸明显减慢时，立即打开瓶塞（注意先撤走试管下的酒精灯，夹住通气导管，以免 CO 外溢），并将小白鼠从瓶中取出，放于通风处，予以抢救并观察其恢复情况。

3）另取 5 号小白鼠重复 CO 中毒实验，但不予抢救，观察并记录上述指标及死亡时间。

4）取两支注射器从 CO 中毒死亡的 5 号小白鼠和 6 号正常小白鼠的眼球（或心脏）各取血 3 滴，分别放入预先盛好 4ml 生理盐水的试管中摇匀，比较两者的颜色。然后每管加入 10% 氢氧化钠溶液 6 滴，再比较两者的颜色。

图 4-1　小白鼠缺氧瓶

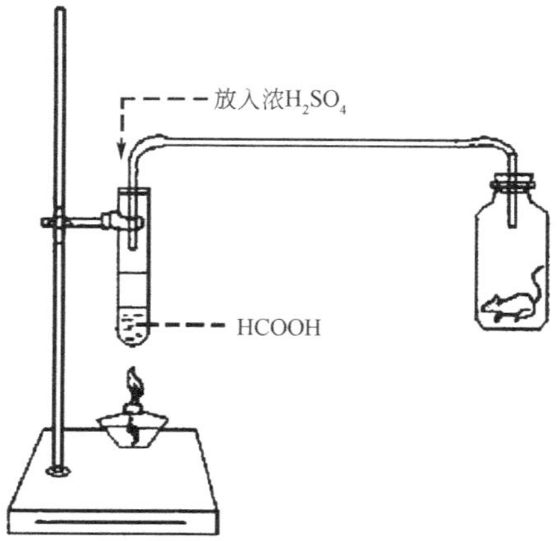

图 4-2　CO 发生器

（3）亚硝酸钠中毒：取 7 、8 号小白鼠，观察正常表现后，分别向腹腔注入 5% 亚硝酸钠 0.3ml，其中 7 号注入亚硝酸钠后，立即腹腔注射 1% 美蓝溶液 0.3ml，8 号注入生理盐水 0.3ml。将 7、8 号小鼠分别装入两个广口瓶，观察指标与方法同上，比较两只小鼠的表现及存活时间。

（4）比较不同缺氧类型小鼠的皮肤、黏膜颜色变化：将上述低张性缺氧、CO 中毒性缺氧和亚硝酸钠中毒性缺氧的共 7 只小白鼠和 6 号正常对照死亡鼠并排在一起比较其皮肤、趾端、口唇等部位的颜色变化。

思考题

（1）麻醉和高温对缺氧耐受性有何不同影响？分析其原因。

（2）低张性缺氧时呼吸为何加快？而其他类型的缺氧为什么呼吸没有明显的代偿？

（3）一氧化碳中毒和亚硝酸钠中毒性缺氧时血液颜色有何异同？为什么？

（4）如果发生煤气中毒事件，对中毒者进行早期抢救处理的原则是什么？

（5）本实验复制的动物模型分别属于哪些类型的缺氧？各有何特点，其机制如何？

注意事项

（1）每组实验小白鼠体重应相近（用小天平称重）。

（2）广口瓶内外表面要干净透明，以利观察动物在瓶内的表现。

（3）实验 1、2 所用广口瓶的瓶口须密闭不漏气，以防因漏气影响实验结果。而实验 3 中所用广口瓶不需盖盖子。

（4）实验中所用的滴管、试管、注射器不要弄混，以免影响实验结果。

（5）给小白鼠腹腔注药时要稍靠左下腹，勿损伤肝脏，也不要将药物注入肠腔或膀胱。

（6）CO 发生装置中，注意先加甲酸，后加浓硫酸，且加酸的滴管不要弄混。浓硫酸是强腐蚀药品，加液时要小心。要保持 CO 发生装置的气密性，室内注意通风。一氧化碳有毒，防止其过度溢出。

（7）在血液颜色的对比观察中，试管应事先编号，以免搞错。另外，取血的量要尽可能一致，否则造成溶液颜色对比性下降。

（8）进行亚硝酸钠中毒实验时，要事先用注射器准备好抢救药品，以便及时解毒。

附录

（1）腹腔注射：是将药物注入胃肠道浆膜以外、腹膜以内的一种注射方法，其吸收速度较快。腹腔注射时左手固定小鼠，右手持注射器，将针头自下腹部刺入皮下，再穿过腹肌，进入腹腔。无回血，即可将药物缓缓注入。

（2）翻正反射：亦称复位反射。一般指动物体处于异常体位时所产生的恢复正常体位的反射。可用于检验麻醉程度，若翻正反射消失则证明麻醉成功。

（3）眼球取血方法：左手拇指和中指捏住小白鼠两耳间头皮轻轻向下压迫颈部两侧（可阻断静脉回流），使眼球外突，手持眼科剪将眼球取出，球后静脉丛的血液即可自行流出，立即用注射器取血（取血时最好不用针头，以免血液凝固而阻塞针孔）。

（4）碳氧血红蛋白定性试验原理：碳氧血红蛋白呈樱桃红色，不易褪色，且较正常血红蛋白更耐受碱性环境。而正常血红蛋白在碱性环境中则发生变性反应，变为棕黄色或棕绿色。

（5）美兰的作用：即亚甲蓝，其本身系氧化剂，根据其在体内的不同浓度，对血红蛋白有两种不同的作用。低浓度时，6- 磷酸 - 葡萄糖脱氢过程中的氢离子经还原型三磷酸吡啶核苷传递给亚甲蓝，使其转变为还原型的白色亚甲蓝；白色亚甲蓝又将氢离子传递给带三价铁的高铁血红蛋白，使其还原为带二价铁的正常血红蛋白，而白色亚甲蓝又被氧化为亚甲蓝。高浓度时，亚甲蓝不能被完全还原为白色亚甲蓝，因而起氧化作用，将正常血红蛋白氧化为高铁血红蛋白。

实验结果记录　将实验结果记录在表 4-2~ 表 4-5 中。

表 4-2　不同机体状态对缺氧耐受性影响

	出现症状及其时间	死亡时间
麻醉鼠		
热水浴鼠		
正常鼠		

表 4-3　一氧化碳（CO）中毒性缺氧

	取血＋生理盐水（颜色）	加 10%NaOH（颜色）
正常鼠		
CO 中毒鼠		

表 4-4　亚硝酸钠中毒

	皮肤、趾端、口唇等部位的颜色
$NaNO_2$ 中毒鼠＋ 1% 美蓝溶液	
$NaNO_2$ 中毒鼠＋生理盐水	

表 4-5　比较不同缺氧类型小鼠的皮肤、黏膜颜色变化

	皮肤、趾端、口唇等部位的颜色
正常对照死亡鼠	
低张性缺氧死亡鼠	
CO 中毒死亡鼠	
$NaNO_2$ 中毒死亡鼠	

实验五　急性肺水肿

目的要求

（1）了解急性肺水肿动物模型的复制方法。

（2）观察急性肺水肿时的主要临床表现。

（3）分析急性肺水肿特点与发生机制。

（4）通过本实验，加强与缺氧、呼吸衰竭、心力衰竭等内容的联系。

实验原理

（1）急性肺水肿实验原理：急性肺水肿是心内科急症之一，其临床主要表现为：突然出现严重的呼吸困难，端坐呼吸，伴咳嗽，常咳出粉红色泡沫样痰，患者烦躁不安，口唇发绀，大汗淋漓，心率增快，两肺布满湿啰音及哮鸣音，严重者可引起晕厥及心搏骤停。发生水肿的基本因素有两大类：一是由于肾小球率过滤下降，或肾小管、集合管回吸收增强引起的钠水潴留；另一类是由于血管内外体液交换失衡引起的组织液生成过多。本实验通过静脉大量滴注生理盐水并注射肾上腺素导致急性肺水肿，其原理为在大量输入生理盐水的基础上中毒剂量的肾上腺素使心动加速，左心室不能把注入的血液充分排出，左心室舒张期末压力递增，可引起左心房的压力增高，从而使肺静脉发生淤血，肺毛细血管液体静压随而升高，一旦超过血浆胶体渗透压，使组织液形成增多，淋巴不能充分回流，即可形成肺水肿。同时，肾上腺素使血液重新分布，使血液由体循环急速转移到肺循环，进一步增加肺毛细血管内压，促进肺水肿的形成。

（2）水肿液蛋白质定性——磺基水杨酸法原理：磺基水杨酸是一种生物碱试剂，在酸性环境下，可与蛋白质的氨基结合形成不溶于水的盐类。蛋白质浓度与浊度成正比。

实验动物　家兔，雌雄不拘，体重 2 ～ 3kg。

仪器与试剂

(1)仪器：兔手术台，婴儿秤，电子秤，实验常用动物手术器械（手术刀、剪毛剪、手术剪、组织剪、眼科剪、眼科镊、止血钳），BL-420 生物机能实验系统，张力换能器，静脉输液装置，听诊器，滤纸，载玻片，γ 形气管插管，静脉插管，动脉导管，动脉夹，注射器，烧杯，试管，纱布及棉线。

(2)试剂：20% 氨基甲酸乙酯，1% 普鲁卡因，1% 肝素溶液，0.9% 生理盐水，肾上腺素及 20% 磺基水杨酸溶液。

观察指标　动脉血压（mmHg）、呼吸（频率、幅度）、气管插管内是否有粉红色泡沫样液体、肺部有无湿啰音、肺质量、肺系数、肺切面、水肿液蛋白质。

分组　分为实验组与对照组，对照组除不加肾上腺素外，其余操作相同。

实验步骤

1. 手术操作

(1)麻醉动物：取家兔一只，称体重，将 20% 氨基甲酸乙酯（5ml/kg）由兔外侧耳缘静脉缓慢注入（前 2/3 快，后 1/3 慢），注射时密切观察动物的呼吸、心跳、肌张力、瞳孔反射等，以防麻醉过深而死亡。麻醉后，家兔仰卧于兔板上，四肢和门牙用绳子固定。注意颈部必须放正拉直，以利于手术。

(2)备皮、手术：剪去颈部兔毛，剪下的兔毛应及时放入盛水的杯中浸湿，以免到处飞扬。皮下注入 1% 普鲁卡因局部浸润麻醉后，在甲状软骨与胸骨切迹之间做颈部正中切口，切口 5~7 cm。用止血钳逐层分离皮下组织和肌肉，暴露气管。

(3)分离颈外静脉及颈总动脉

1)颈外静脉：翻开右侧皮肤，即可见颜色暗红且较粗大的颈外静脉。由于静脉血管壁很薄且不易与筋膜区分，因此应使用血管钳沿血管走行方向小心钝性分离，尽可能将血管外层筋膜分离干净。分离出 2、3cm 的右侧颈外静脉后，穿双线备用。注意：切勿使用刀、剪等锐利器械，以免刺破静脉血管，同时注意勿损伤颈外静脉的细小回流支。

2)颈总动脉：在气管左侧胸骨舌骨肌和胸锁乳突肌之间钝性分离，其深层即可见颈动脉鞘，触之有明显搏动感。颈总动脉鞘内还有三根神经，最粗的是迷走神经，其次是交感神经，减压神经最细。以血管钳仔细分离出左侧颈总动脉（注意：勿损伤迷走神经），穿双线备用。

(4)插管

1)气管插管：在气管上方做倒“T”形切口，注意先横剪一刀，再向上方剪开，将气管插管向心脏方向插入，用棉线结扎固定于“γ”形管上，防止脱落。

2)右侧颈外静脉插管：小心先使用动脉夹将颈外静脉近心端夹住，待静脉充盈后，结扎远心端。并轻轻提起结扎线用眼科剪在充盈的远心端呈 45° 剪一小斜口（约为血管周径的 1/3）。将输液管排空气后向心脏方向插入，松开动脉夹，打开输液器，如果有液体滴下，则表明插管成功，用棉线结扎固定。

3)左侧颈总动脉插管：结扎颈总动脉远心端，近心端用动脉夹夹住（两端距离尽可能长，约 2~3cm）。用眼科剪在靠近结扎处的动脉壁上剪一 45° 的小斜口（为血管周径的 1/3）。插入预先充满肝素生理盐水的动脉导管，结扎固定。缓慢松开动脉夹。通过三通开关连接压力传感器，以测定动脉血液（以 mmHg 表示）。

2. 实验方法

(1)动物静置：描记一段正常呼吸、血压曲线，听诊器听正常呼吸音。

(2)输液给药：自颈外静脉输入 37 ~ 38℃生理盐水（输入总量 100ml/kg，输液速度 180 ~

200 滴 / 分），待生理盐水即将输完时，将肾上腺素 0.45mg/kg 加入输液装置小壶中，同时加快输液速度，使液滴几乎成柱，直至肺水肿形成。

（3）观察症状：密切观察呼吸、血压的变化和气管插管内是否有粉红色泡沫样液体流出，并听诊肺部有无湿啰音出现。当证明肺水肿出现时，用小试管接取少量从气管插管溢出的水肿液，做蛋白质定性实验。

（4）测定肺系数：夹闭气管，处死动物，打开胸腔，用粗线在气管分叉上方 1cm 处结扎气管（防止水肿液流出），并于结扎线上端切断气管；将胸腔内及心包腔内积液挤至一端，用注射器抽出少量积液备用，将心肺提起，离断胸腔静脉及主动脉，取出肺脏，靠近肺脏结扎肺动脉与肺静脉，剪断血管，离断心脏，用滤纸吸去肺表面的液体后称取肺质量，计算肺系数。肺系数计算公式：肺系数 = 肺质量（g）/ 体重（kg）（正常兔的肺系数为 4 ～ 5）。

（5）形态变化：观察肺大体改变，切开肺，注意有无泡沫样液体流出。沿腹白线剖开腹腔，观察有无腹水及腹腔器官有无水肿，用吸管吸出少量腹水备用。对气管插管中溢出的水肿液、腹水和心包积液进行蛋白质定性试验，以了解微血管壁通透性的改变。

（6）水肿液蛋白质定性——磺基水杨酸法：取载玻片，在其两端各滴 2 ～ 3 滴水肿液，其中一端滴加 20% 磺基水杨酸一滴，与另一端进行比较，反复试做 2 ～ 3 次，混浊即为阳性。

注意事项

（1）忌用实验前已有明显肺部异常征象（啰音、喘息、气促等）的动物，否则影响结果的可靠性。

（2）气管插管及静脉插管固定要牢固。

（3）输液器装置内要排空气体；输液速度控制在 180 ～ 200 滴 / 分。

（4）静脉插管时要小心，防止插管穿破静脉壁进入胸腔或其他软组织。

（5）解剖取肺时勿损伤肺表面和挤压肺组织，以防止水肿液流出，影响肺系数。

实验结果　将实验结果记录在表 4-6 中。

表 4-6　急性肺水肿结果记录表

观察项目	变化结果
血压	
呼吸（频率）	
气管插管口	
肺部听诊	
肺外观	
肺质量	
肺系数（4 ～ 5）	
切面情况	
水肿液蛋白	

思考题

（1）急性肺水肿时机体有哪些表现？

（2）大量输液和注射肾上腺素引起肺水肿的机制是什么？

（3）本试验有否毛细血管壁通透性的改变？为什么？

（4）思考本实验与缺氧、呼吸衰竭、心力衰竭的联系与发生机制？

附　BL-420 生物机能实验系统

BL-420 生物机能实验系统是配置在微机上的 4 通道生物信号采集、放大、显示、记录与处理系统。它由以下三个主要部分构成：IBM 兼容微机、BL-420 系统硬件、BL-NewCentury 生物信号显示与处理软件。

BL-420 系统硬件是一台程序可控的，带 4 通道生物信号采集与放大功能，并集成程控刺激于一体的设备。其正面是由 CH1、CH2、CH3、CH4 组成的四个 5 芯生物信号输入接口（可连接引导电极、压力传感器、张力传感器等，4 个输入通道的性能完全相同），1 个触发输入接口、1 个刺激输出接口、1 个记滴输入接口及电源指示。BL-NewCentury 生物信号显示与处理软件可同时显示 4 道从生物体内或离体器官中探测到的生物电信号或张力、压力等生物非电信号的波形，并可对实验数据进行存储、分析及打印。其原理主要是将原始的生物机能信号，包括生物电信号和通过传感器引入的生物非电信号进行放大、滤波等处理，然后对处理的信号通过模数转换进行数字化并将数字化后的生物机能信号传输到计算机内部，计算机则通过专用的生物机能实验系统软件接收从生物信号放大、采集卡传入的数字信号，然后对这些收到的信号进行实时处理。

1. 仪器特点

（1）抗干扰能力强，工作稳定可靠，硬件的全部功能均由软件控制完成。

（2）增益：交、直流 2~50000 倍，适应各种强弱不同的生物电信号。

（3）四个通道扫描速度独立可调，方便实现不同通道波形的同步或非同步显示。

2. 使用方法　首先将 BL-420 系统与计算机相连，打开电源，接着运行已经安装好的 BL-NewCentury 生物信号显示与处理软件，并将实验所需的生物机能传感器在 BL-420 系统硬件上与相应的通道接口相连，即可进行实验。下面以观察动脉血压为例，介绍 BL-420 生物机能实验系统的使用方法。

3. 实验动物动脉血压的测定、观察（以家兔为例）

（1）在 1 通道的输入接口连上血压传感器。

（2）将动脉插管与血压传感器相连后，分离家兔股动脉（或颈动脉），结扎动脉远心端，在近心端插管并固定。

（3）选择“输入信号”菜单中的“1 通道”菜单项选择“压力”选项，单击工具条上的“开始”命令按钮开始实验。

根据实验需要，还可依照以上试验步骤，换用压力传感器、张力传感器、呼吸传感器等，进行相关的实验。在实验中，如在 1 通道连上生物电引导电极、2、3 通道分别连上血压传感器，还可选择“实验项目”下的“循环实验”子菜单中的“血流动力学”选项，可分别观测Ⅱ导联心电、左心室内压及动脉血压。同样方法还可应用于“减压神经放电”等实验。

4. 注意事项

（1）实验前的定零值和定标准值是必要步骤。为了获得精确的定标值，或者说测量结果，一般在一台生物机能实验系统上进行定标的传感器不要和在其他生物机能实验系统上定标的传感器混用。定标时的标准值也不要加得过大。

（2）在使用 BL-420 生物机能实验系统工作的同时，最好不要使用其他的 Windows 应用软件，以免占用处理器的有效时间，使正处于数据采集的系统出现问题。在进行数据采样与处理时，不要用太长的时间去移动 BL-NewCentury 主界面中的其他对话窗口，也不要启动其他实时监控程序。

实验六　实验性失血性休克

目的要求

(1) 掌握失血性休克动物模型的复制方法。

(2) 观察失血性休克时主要体征及血流动力学变化特点。

(3) 探讨失血性休克的发病机制及救治措施。

实验原理　动脉放血可使循环血量减少，当少量失血时，有效循环血量减少可通过机体的一系列代偿措施（包括微循环的灌流量明显减少）使血压不出现明显的降低。但当快速失血超过总血量的 30% 或大量失血时，有效循环血量急剧减少，超出机体的代偿能力，引起心排血量减少，血压降低和微循环持续缺血缺氧，引起休克。本实验采用动脉放血方法，造成机体有效循环血量减少，复制失血性休克模型。由于微循环障碍是失血性休克的基础，治疗的主要措施就是改善微循环灌流，因此，实验中采用回输血液及输入生理盐水方法来改善微循环灌流状态，对失血性休克进行抢救。

实验动物　成年家兔 2 只，体重 1.5 ~ 2.0 kg。

仪器与试剂　兔手术台，婴儿秤，BL-420 生物机能实验系统，压力换能器 2 只，张力换能器 1 只，动物手术器械一套，弯针 1 枚，静脉输液装置 1 套，动脉夹，动脉插管各 2 个，三通活塞 3 个，静脉插管 1 个，5ml、10 ml 注射器各 2 支，100ml 烧杯 1 只。

25%氨基甲酸乙酯，1%普鲁卡因，1%肝素，1%去甲基肾上腺素，生理盐水。

观察指标　动脉血压（BP），中心静脉压（CVP），呼吸幅度、频率。

实验步骤

1. 手术操作

(1) 取健康成年家兔一只，称重，于耳缘静脉缓慢注射 25%氨基甲酸乙酯溶液（以 4ml/kg 体重计算麻醉剂总量），做全身麻醉。注射速度不宜大于 2ml/min，同时密切观察家兔的肌张力和反射等的变化估计合适的麻醉剂用量。一般来说，当出现耳朵下垂，角膜反射明显迟钝或消失，四肢瘫软时，即可停用麻醉剂。

(2) 将兔仰卧位固定于兔手术台，颈部剪毛备皮。

(3) 皮肤切开：皮下注入 1%普鲁卡因局部浸润麻醉后，在甲状软骨与胸骨切迹之间沿颈部正中线的中点两侧，分别用血管钳向两侧夹起皮肤，用手术剪在两血管钳之间的皮肤上剪一小口，将剪刀伸进切口，贴紧并挑起皮肤撑开剪刀以钝性分离皮下组织，然后小心剪开皮肤，切口长度约 5cm。分离下面的组织避免使用剪刀，以免发生出血，尽可能做钝性分离。

(4) 分离颈外静脉及颈总动脉：将上述切口边缘右侧的皮肤翻开，即可见颜色暗红且较粗大的颈外静脉。由于静脉血管壁很薄且不易与筋膜区分，因此应使用血管钳沿血管走行方向小心做钝性分离，尽可能将血管外层筋膜分离干净。分离出 2 ~ 3cm 的右侧颈外静脉后，穿双线备用。注意：切勿使用刀、剪等锐利器械，以免刺破静脉血管，同时注意勿损伤颈外静脉的细小回流支。

在气管左侧胸骨舌骨肌和胸锁乳突肌之间做钝性分离，其深层即可见颈动脉鞘，触之有明显搏动感。以血管钳仔细分离出颈总动脉，剔尽周围结缔组织，游离出长 3 ~ 4cm 的颈总动脉（注意：勿损伤迷走神经），尽可能向远心端游离，在动脉下穿 2 根线（图 4-3）。

(5) 分离股动脉：于右侧大腿根部近腹股沟处摸到股动脉搏动点，局部剪毛，以搏动最明显处为中点沿血管走行的方向做长约 4cm 的切口，股动脉、股静脉、股神经行走于同一鞘内，位置比较表浅。游离出长 3 ~ 4cm 的股动脉，尽可能向远心端游离，在动脉下穿 2 根线（图 4-4）。

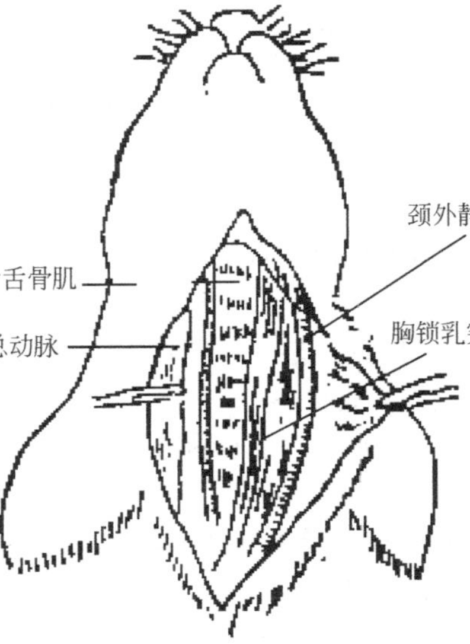

图 4-3　家兔颈部血管解剖位置示意

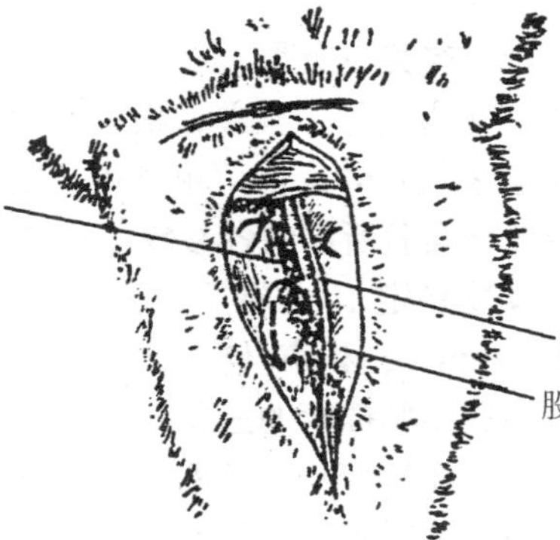

图 4-4　家兔股三角区血管神经解剖位置示意

（6）观察剑突下呼吸搏动最明显处，用弯针勾起此处皮肤，缚线连接张力换能器，将其固定于铁架台上，此时电脑屏幕显示呼吸曲线波动。

（7）全身肝素化：由耳缘静脉注入 1%肝素（1ml/kg 体重），抗凝血。

（8）插管 。

1）右侧颈外静脉插管：小心提起右侧颈外静脉近心端线，待静脉充盈后，结扎远心端。并轻轻提起结扎线用眼科剪在结扎处近心端下 0.5cm 处呈 45° 剪一小斜口（约为血管周径的 1/3 ）。插入预先充满肝素生理盐水连有三通开关的静脉导管，插入长度为 5 ～ 8cm，插入时注意让静脉导管前端的弯曲朝向家兔身体的左前方，以确保导管口在上腔静脉近右心房入口处，通过三通开关连接压力换能器和静脉输液装置，以测定中心静脉压（以 cmH_2O 表示）。将三通开关与压力换能器接通，此时电脑屏幕中心静脉压力曲线可见随呼吸上下波动，说明插管成功。用近心端线系紧插管并固定好。打开输液装置，以 10 ～ 15 滴 / 分 缓慢输液，保持导管通畅。

2）左侧颈总动脉插管：结扎颈总动脉远心端，用动脉夹夹住其近心端，结扎处与动脉夹夹闭间的颈总动脉长度约 3cm。用眼科镊柄垫在颈总动脉下方，用眼科剪在远心端结扎线的近心侧 0.3cm 处的动脉壁上做一 45° 的小斜切口（为血管周径的 1/3 ）。然后将预先准备好的充满肝素溶液的动脉导管由切口向心脏方向插入动脉内。用已穿好的线扎紧插入导管的血管，并将剩余线平行于导管拉直，与远心端结扎线打一死结，以拉住导管防止其滑脱。使动脉插管与动脉保持在同一直线上，然后将动脉导管做适当固定。通过三通开关连接压力换能器，以测定动脉血压（以 mmHg 表示）。完成以上步骤后，缓慢放开压力换能器侧的颈总动脉夹，观察血压曲线，应当有适当的收缩压和舒张压的差幅波动，如果不明显，应检查导管的畅通性，考察导管有无曲折或导管内有无气泡等情况。

3）右侧股动脉插管：方法与颈动脉插管相同。将预先准备好的充满肝素溶液的动脉导管由切口向心脏方向插入动脉内。用已穿好的线扎紧插入导管的血管，并将剩余线平行于导管拉直，与远心端结扎线打一死结，以拉住导管防止其滑脱。通过三通开关与放血装置相连接，备放血之用。

2. 实验方法

（1）BL-420 生物机能实验系统调试：打开计算机进入 Windows 操作系统桌面，双击 BL-420

系统快捷启动图标，即进入 BL 系统软件主界面。为了消除生物信号放大器正常范围内的直流零点偏移，在实验开始之前需要调零。定标是为了确定引入传感器的非电生物信号和该信号通过换能器后换能得到的电压信号之间的一个比值。通过该比值，就能计算传感器引入的非电生物信号的真实大小，故实验前同样需要定标。调零、定标工作一般由实验室技术人员提前完成。

根据实验要求，通过以下方式之一，设置实验参数并进行实验。①点击菜单条中“文件”菜单下的“打开上次实验配置”命令，计算机自动把实验参数设置成与前次实验完全相同参数；②点击菜单条中“输入信号”菜单，根据实验要求，选择每一通道的信号类型，系统将根据信号类型自动设定实验参数；③点击菜单条中“实验项目”菜单，根据实验要求选择下拉菜单的模块，系统将自动设置该实验所需的各参数，并将自动数据采样，直接进入实验状态。

（2）动物稳定 10 分钟后，记录正常状态下的动脉血压（mmHg）、中心静脉压（cmH_2O）、呼吸幅度（mm）、频率（次 / 分）。

（3）由股动脉插管的三通开关处放血，盛于 100ml 的小烧杯中。开始时每放血 10ml 即关闭开关，监测动脉血压变化，随着血压的下降，逐渐缩短放血时间和放血量，待血压降到 40mmHg 左右停止放血。此时若血压回升，可继续少量放血，使血压维持于 40mmHg 左右 20 ～ 30 分钟后，即可造成失血性休克模型。记录失血量并连续观察失血过程中上述指标变化。

注意：由于放血时压力传感器一侧开关被关闭，因此此时系统显示的血压并不能代表体内的真实血压！必须停止放血后才能正确测得动脉血压的变化。切不可一次放血过多而造成动物死亡！

（4）随后由耳缘静脉缓注 1% 去甲基肾上腺素（1ml/kg），观察和记录上述指标变化（重点记录血压上升的最高值及变化时间）。

（5）以 40 ～ 60 滴 / 分的速度由静脉输入生理盐水，输液总量为失血量的 2 ～ 3 倍。每输液 50ml 即观察并记录各项指标的变化。

（6）另可根据休克的病理生理改变自行设计方案抢救。

注意事项

（1）操作中应尽量减少手术性出血，如有少量出血，可用生理盐水纱布压迫止血。

（2）各导管和注射器要肝素化并注意导管畅通，随时缓慢推注，以防凝血。

（3）插动脉插管前必须先向动物体内注射肝素，否则会造成插管内凝血，影响实验。

（4）插静脉插管时要小心，防止插管穿破静脉壁进入胸腔或其他软组织。动脉插管容易滑脱，故应结扎和固定牢靠。

（5）注意三通管与颈静脉、动脉插管及压力换能器的连接方式。

（6）暂时性阻断血流应使用动脉夹，忌用血管钳夹持血管。

（7）血压换能器应处于家兔心脏同一水平。

（8）各管道系统内应避免气泡存在。

（9）勿将水滴、血滴溅污仪器，若有溅污者，须及时有效地清除。

（10）及时补充、更换微循环观察水槽里的生理盐水，注意水温。

（11）加强组内实验操作的分工配合，严格按实验指导进行实验，不擅自进行与实验无关的微机操作，自觉遵守实验室制度。

附一　肠系膜微循环观察

实验中也可观察肠系膜的微循环变化，其操作方法与步骤如下：

（1）于中上腹距耻骨联合上方 2cm 处向上沿腹白线做一长 5 ～ 6cm 的切口，逐层分离进入腹腔，推开粗大深灰色的大肠，找到灰色的回肠，顺着回肠轻轻地找出近回盲部的一段小肠。此段肠系膜长，脂肪少，血管丰富，便于观察。用无齿卵圆镊将此段小肠轻轻拉出，将其余肠段纳回腹腔，用血管钳夹闭肠段两侧的皮肤切口。

（2）取显微镜一台，卸下载物台，将镜身由纵轴位拉至水平位，将一块带孔的泡沫塑料固定于载物台上，然后，将镜身侧位安置在接近家兔上腹部切口处，将拉出的小肠游离末端平铺于预先浸满生理盐水的海绵垫上，并用大头针固定于镜台泡沫上方，调整恒温恒流滴数（30滴/分）。

（3）在低倍镜下找一个较为标准的微循环单位，认准小动脉，小静脉，直捷通路，动-静脉短路及真毛细血管网，仔细观察血管形态、管径大小及微血流的流速、流态。

（4）从股动脉放血，至血压维持于40mmHg（5.3kPa），若血压回升，可再放少量血，使血压维持在40mmHg半小时，观察微循环改变。

（5）再次放血，使血压维持于25mmHg（3.3kPa）3分钟，观察微循环改变。

（6）快速补液（40滴/分左右）后观察上述指标变化。

附二　医用换能器

换能器是将一种能量形式转变为另一种形式的器件。医学常用的换能器是将一些非电信号（如机械、压力、光、温度、化学等的变化）转变为电信号，然后输入不同的仪器进行处理，以便对其所代表的生理变化做深入分析。

在医学实验中常用的换能器有张力（机械－电）换能器和压力换能器两类。

（一）张力换能器

1. 原理及规格　张力换能器是利用某些导体或半导体材料在外力作用发生变形时，其电阻会发生改变的“应变效应”原理。将这些材料做成薄的应变片。用这种应变片制成的两组应变元件（R1，R2及R3，R4）分贴于悬梁臂的两侧，作为桥式电路的两对电阻，两组应变片中间连一可调电位器。并与一3V直流电源相接。当外力作用于悬梁臂的游离端并使其发生轻度弯曲时，则一组应变片的一片受拉，一片受压，电阻向正向变化；而另一端的变化相反。由于电桥失去平衡，即有微弱的电流输出，经放大后可输入到记录仪。

换能器的灵敏度和量程取决于应变元件的厚度。悬梁臂越薄越灵敏，量程的范围越小。因此，这种换能器的规格应根据所做实验来决定。

2. 使用方法　先将肌肉的一端固定，在保持肌肉自然长度的情况下，将肌肉另一端的扎线穿过悬梁臂前端的小孔，并结扎固定。

3. 使用注意事项

（1）机械-电换能器的应变元件非常精细，使用时要特别小心，实验时不能用猛力牵拉或用力扳弄换能器的悬梁臂，以免损坏换能器。

（2）换能器应水平地安置在支架上。正式记录前，换能器应预热30分钟，以确保精度。

（3）使用时，防止生理盐水等溶液渗入换能器。

（二）压力换能器

1. 原理和结构　压力换能器是将各种压力变化（如动、静脉血压，心室内压等）转换为电信号。然后将这些电信号经过放大输入到记录装置，原理同前。压力换能器的头端是一个半球形的结构。内充生理盐水，其内面后部为薄片状的应变元件，组成桥式电路。其前端有两个侧管，一个用于排出里面的气体，另一个通过导管与测压力的探头相连。

2. 使用方法及注意事项

（1）压力换能器在使用时应固定在支架上，不得随意改变其位置，使用前预热30分钟。待零位稳定后方可进行测量。

（2）换能器在进行测量前，要将两个压力接嘴分别与三通接好，不得有泄漏现象。可用压力计先预压 2 ~ 3 次。然后再调整零位基准。

（3）换能器结构中有调零电位器，可以单独调节零点位置，也可与记录仪配合调整。

（4）注意将垫圈垫好，以免漏水。

思考题

（1）失血是否必然引起休克的发生？

（2）实验观察的各项指标变化的意义如何？

（3）失血性休克的发生及其严重程度与失血速度、失血量之间有无关联？

实验七 氨在肝性脑病发生中的作用

目的要求

（1）掌握肝性脑病的概念。

（2）掌握用氨中毒复制肝性脑病动物模型的方法。

（3）观察肝性脑病发生发展过程中家兔的一般状态及中枢神经系统变化的表现。

（4）了解氨中毒的抢救方法和原理。

实验原理 肝性脑病是继发于严重肝病的神经精神综合征，其临床症状重，病死率高。肝性脑病的发病机制复杂，目前有氨中毒学说、假性神经递质学说、血浆氨基酸失衡学说及 γ - 氨基丁酸学说等。据统计，80% 肝性脑病的患者有血氨升高，这使氨中毒学说在肝性脑病的发病机制中占有最重要的地位。本实验通过对家兔肝大部分结扎的方法，造成其肝脏功能严重受损，在此基础上经消化道输注复方氯化铵，使血氨迅速增高，家兔出现抽搐、昏迷等类似肝性脑病的症状，以证明氨在肝性脑病发生机制中的重要作用。由于肝功能正常时，输入大量复方氯化铵，也可以出现类似症状，因此，实验中增设肝叶未结扎组，以证明肝脏功能正常与否在肝性脑病中的作用。此外，对于肝性脑病的家兔，可自耳缘静脉输入复方谷氨酸钠溶液予以抢救。

实验动物 家兔，2kg 左右。

仪器与试剂 动物手术器械一套，家兔固定台，婴儿秤，注射器（5ml、30ml），细导尿管，酒精灯，三角架，温生理盐水若干，丝线、细索线少许，纱布数块，火柴，1% 普鲁卡因，2.5% 复方氯化铵溶液，2.5% 复方谷氨酸钠溶液，2.5% 复方氯化钠溶液。

实验步骤 取体重相近的健康家兔 4 只。

1. 甲组家兔（肝叶大部分结扎 + 肠腔注入复方氯化铵溶液）

（1）取成年家兔 1 只，称重后仰卧位固定在兔台上，剪去腹部正中的兔毛。

（2）在上腹正中用 1% 普鲁卡因做放射状局部浸润麻醉。

（3）找到胸骨剑突，在腹部正中剑突向下做一长 5 ~ 6cm 的纵切口，分层局麻后，再沿着腹白线打开腹腔，即可见到位于右肋弓下的红褐色肝。辨认肝后，以左手将肝轻轻往下牵拉，找到肝与膈肌相连的镰状韧带，认定并将其剪断，然后，再将肝向头端提起，找到肝与胃相连的肝胃韧带，认定并小心剪断。

（4）分清 5 叶兔肝（图 4-5），将粗棉线用生理盐水浸湿后，以右手食指和中指夹持粗棉线沿肝与肋弓的间隙把线压到肝根部，沿左外叶、左中叶、右中叶的根部围绕一周并结扎紧以阻断血流。由于右外叶和尾状叶之间门脉血管为独立分支，不会同时被结扎，因而得以保留。结扎后，待结扎肝叶变成暗褐色再用手术剪在已结扎的肝叶上剪一小口，如无明显渗血，说明肝大部结扎成功，否则就要重新结扎。

（5）沿胃下端找到与之相连的十二指肠，将其上端结扎，用眼科剪在肠壁上剪一小口，将细导尿管向下插入 4 ～ 5cm（插入方向应向远胃端），做荷包缝合，收缩荷包结扎、固定（图 4-6）。将细导尿管另一端置于腹腔之外，再将肠管连同细导尿管一同回纳腹腔，检查腹腔无出血，暂时以组织钳关闭腹壁，以免动物挣扎或抽搐时内脏外溢。注药前可用生理盐水纱布覆盖伤口，以免体热及水分丢失。

（6）观察家兔一般状态及呼吸、心率的变化，检查角膜反射及对疼痛刺激反应。在实验过程中，局麻动物有时会挣扎，应与强直性痉挛相区别。

（7）每隔 2 分钟（或 3 分钟）由细导尿管向十二指肠腔内注入 2.5% 复方氯化铵溶液 2.5ml/kg，细心观察家兔一般状态及呼吸、心率频率、深度的变化，检查角膜反射、对疼痛刺激反应，面部及四肢有无抽搐、肌张力增高等情况。当以上症状出现时，停止输注复方氯化铵，记录给药开始到痉挛发作（角弓反张大于 30 秒）时各种症状出现的时间及用药总量。

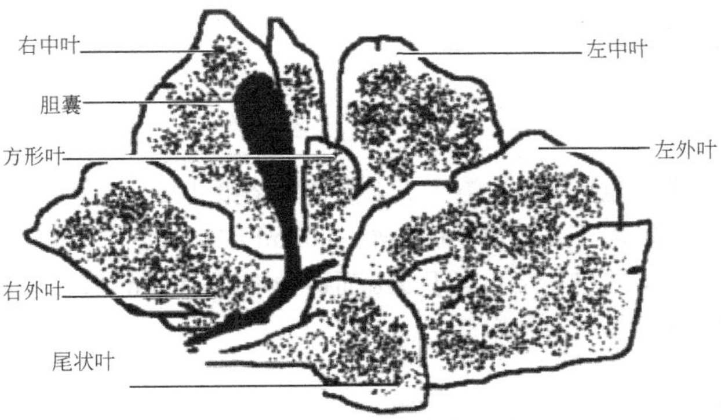

图 4-5　兔的肝

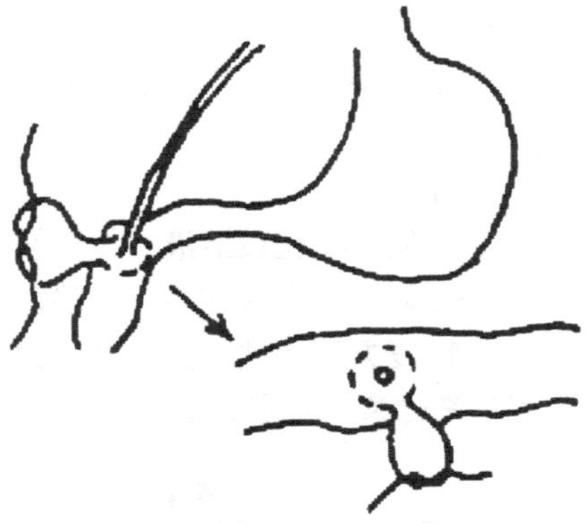

图 4-6　十二指肠插管荷包缝合法

2. 乙组家兔（肝叶大部分结扎＋肠腔注入复方氯化钠溶液）　取家兔 1 只，前面处理同甲组。以同样的速度向肠腔注入 2.5% 复方氯化钠溶液，待复方氯化钠溶液的用量（ml/kg）超过甲兔相应的复方氯化铵溶液用量时，停止推注。观察动物有无异常。

3. 丙组家兔（肝叶不结扎＋肠腔注入复方氯化铵溶液）　取家兔 1 只，称重后固定于兔台上，局麻下做腹部正中切口，打开腹腔，但不做肝大部结扎。找出十二指肠并插管，观察动物一般状态，每隔 2 分钟（或 3 分钟）由细导尿管向十二指肠腔内注入 2.5% 复方氯化铵溶液 2.5ml/kg，直到出现抽搐、肌张力增高等症状，停止输注复方氯化铵，记录给药开始到痉挛发作时各种症状出现的时间及用药总量。

4. 丁组家兔（肝叶大部分结扎＋肠腔注入复方氯化铵溶液＋抢救）　取家兔一只，前面处理同甲组。当动物发生抽搐时，立即停注复方氯化铵溶液。自耳缘静脉输入 2.5% 复方谷氨酸钠溶液（30ml/kg），观察并记录治疗后症状有无缓解。

思考题

（1）结合氨中毒学说分析为什么肠道内注入氯化铵后会出现肝性脑病的症状？部分扎肝兔与未扎肝兔注入氯化铵后的结果有何不同？为什么？

（2）谷氨酸钠为何能缓解肝性脑病症状？

注意事项

(1) 剪毛时使用弯剪，贴近皮肤剪，不要把毛提起，以免剪破皮肤。

(2) 打开腹腔时，应在剑突下沿腹白线做一长 5 ~ 6cm 的纵切口，避免气胸、过多出血和伤及肠管。

(3) 由于镰状韧带连接于肝和膈肌，其根部是大血管，故剪时要特别小心，防止造成气胸和出血。

(4) 游离肝时动作要轻，以免造成肝叶破裂出血，且结扎线应尽量置于肝根部，避免拦腰结扎肝脏勒破肝叶而造成出血。

(5) 十二指肠插管动作应轻柔；荷包缝合时应捏住插管，并固定牢固，以免插管在肠腔内滑动，继而戳破肠腔。

(6) 动物经输入一定量复方氯化铵后，一般会出现抽搐，但也有可能会发生肝结扎组与非结扎组都有抽搐，且所需复方氯化铵溶液用量接近或倒错的异常情况，其原因是由于动物未做全身麻醉，实验期间可能出现挣扎，误判为抽搐。故实验中要注意与氨中毒抽搐的鉴别。

(7) 动物一旦出现抽搐，应立即停止使用复方氯化铵，并马上进行抢救，如间隔时间过长，则抢救效果不佳。

(8) 所用的药物要在实验前配制，以免药效减退。

附录

溶液配制

(1) 2.5% 复方氯化铵溶液：氯化铵 25g，碳酸氢钠 15g，溶于 5% 葡萄糖溶液 1000ml 中。

(2) 2.5% 复方谷氨酸钠溶液：谷氨酸钠 25g，溶于 5% 葡萄糖溶液 1000ml 中。

(3) 2.5% 复方氯化钠溶液：氯化钠 25g，碳酸氢钠 15g，溶于 5% 葡萄糖溶液 1000ml 中。

实验结果记录 将实验结果记录于表 4-7 中。

表 4-7 氨在肝性脑病发生中的作用实验结果记录

	甲组	乙组	丙组	丁组
家兔出现的症状及时间				
家兔痉挛发作时间				
用药总量				
复方谷氨酸钠用量				

(施 旻 王晓敏 许 湘 郭继龙 黄 勇)

第五篇　临床病案讨论

病案讨论 1

病史摘要

患者，男，68 岁。死者生前患高血压 20 多年。半年前开始双下肢发凉、发麻，走路时常出现阵发性疼痛，休息后可缓解。近一个月右足剧痛，感觉渐消失，足趾发黑，逐渐坏死，左下肢逐渐变细。三天前与人争吵时，突然出现昏迷、失语，右侧肢体瘫痪和面瘫，渐出现抽泣样呼吸。于今晨四时二十五分呼吸心跳停止而死亡。

尸检摘要

老年男尸，心脏明显增大，重 950 g（正常 250 g），左心室明显增厚，心腔扩张。主动脉、下肢动脉及冠状动脉等内膜不光滑，有散在的大小不等黄白色斑块。右胫前动脉及足背动脉管壁不规则增厚，有多处管腔阻塞。左股动脉及胫前动脉有不规则黄白色斑块。右足趾变黑、坏死。左下肢肌肉萎缩、明显变细。

思考题

（1）左心室肥大、扩张的原因是什么？

（2）右足发黑坏死的原因是什么？

（3）左下肢萎缩的原因是什么？

（4）试分析上述各脏器病变有无联系？

分析要点

（1）左心室肥大、扩张的原因是高血压，由于心脏后负荷增大，心肌代偿性肥大，表现为左心室肥大，该患者出现心腔扩大，为失代偿肥大的表现，患者出现心功能不全的表现。

（2）右足的病变为干性坏疽，其原因为足动脉粥样硬化，动脉狭窄，出现间歇性跛行，后面由于动脉狭窄加重或血栓形成等原因，而引起动脉阻塞，出现梗死，合并腐败菌感染。

（3）下肢萎缩原因也是动脉粥样硬化，动脉狭窄，供血不足，而出现的局部营养不良性萎缩。

（4）上述各脏器的病变都和患者常年高血压和动脉粥样硬化相关，而高血压可以促进动脉粥样硬化的发生和进展。

病案讨论 2

病史摘要

患者，女，36 岁。8 年前四肢大关节游走性疼痛，时有心悸感。3 年前劳累后即感心悸、气急。一年半前上述症状加重并有反复双下肢水肿及腹胀。入院前一日咳嗽、咳痰，痰中带血，伴高热。体温 38.5 ℃，脉搏 98 次 / 分，呼吸 35 次 / 分，口唇及指趾发绀。颈静脉怒张，双肺湿啰音，心浊音界向左右扩大，心尖区有Ⅲ级收缩期杂音和舒张期杂音。肝在肋下 3 cm，脾刚触及，肝颈静脉征阳性。入院治疗无效后死亡。

尸检摘要

心脏体积增大呈球形，质量 320 g（正常约 250 g），左右心房、心室壁增厚，心腔扩张。二尖瓣口约指尖大、呈鱼口状，瓣膜增厚变硬，腱索增粗，乳头肌肥大。心包积液。镜检：心肌纤维增大。双肺表面可见黑色及褐黄色斑点，切面呈浅褐色，较致密，亦见黑色和褐黄色斑点；镜下：肺泡壁增厚，毛细血管扩张充血，纤维组织增生，肺泡腔变小，腔内有红细胞及成堆含有含铁血黄素的巨噬细胞。肝体积增大，包膜紧张，边缘圆钝，表面和切面均见红黄相间网状结构；镜下：中央静脉及周围肝窦扩张，充满红细胞，肝细胞体积变小，周围肝细胞内有大小不等圆形空泡。

思考题

（1）请作出各脏器的病理诊断及诊断依据。

（2）各脏器病变的发生机制？

（3）这些脏器的病变有何联系？请用箭头将其联系起来。

分析要点

（1）各脏器病变如下：

1）心脏：①离心性肥大，诊断依据：心体积增大呈球形，质量 320 g（正常约 250 g），左右心房、心室壁增厚，心腔扩张；镜检：心肌纤维增大；②二尖瓣狭窄（风湿性心内膜炎），诊断依据：二尖瓣口约指尖大、呈鱼口状，瓣膜增厚变硬，腱索增粗，乳头肌肥大；③心包积液（风湿性心包炎），诊断依据：心浊音界向左右扩大，心尖区有Ⅲ级收缩期杂音和舒张期杂音。

2）肺：慢性肺淤血，诊断依据：双肺表面可见黑色及褐黄色斑点，切面呈浅褐色，较致密，亦见黑色和褐黄色斑点；光镜下，肺泡壁增厚，毛细血管扩张充血，纤维组织增生，肺泡腔变小，腔内有红细胞及成堆含有含铁血黄素的巨噬细胞。

3）肝：慢性肝淤血（槟榔肝），诊断依据：肝体积增大，包膜紧张，边缘圆钝，表面和切面均见红黄相间网状结构；光镜下，见中央静脉及周围肝窦扩张，充满红细胞，肝细胞体积变小，周围肝细胞内有大小不等圆形空泡。

（2）该患者为风湿性心脏病，累及心瓣膜，导致风湿性心内膜炎，病变早期二尖瓣闭锁缘处内膜损伤，形成疣状赘生物，后期赘生物机化，形成瘢痕，导致瓣膜增厚、变形，呈鱼口状，继而导致瓣膜病［瓣膜狭窄和（或）瓣膜关闭不全］。疾病累及心外膜，导致风湿性心包炎，心包腔内以浆液渗出为主时，形成心包积液。由于瓣膜病和心包积液，左心负荷过重，最终导致左心衰竭，左心腔内压力升高，影响肺静脉回流，造成慢性肺淤血，继而右心负荷过度，导致右心衰竭，右心射血功能障碍，导致慢性肝淤血。

（3）风湿性心脏病 → 瓣膜病→左右心衰 →肺淤血、肝淤血。

病案讨论 3

病史摘要

患者，男，15 岁。因左股骨下端，近膝关节骨肉瘤（发生于骨组织的恶性肿瘤）而行高位截肢术。术后一直卧床。术后半个月时由家长搀扶下床活动。患者用其右腿试行跳动几步后突然跌倒在地，呼吸和心跳当即停止，经抢救无效死亡。

思考题

（1）试分析患者突然死亡的主要原因及其死亡的主要机制？

（2）患者为何会出现上述表现，如何避免？

分析要点

（1）患者死亡的主要原因是肺动脉栓塞。死亡机制：①肺动脉阻塞，刺激迷走神经或者血栓栓子内释放 5-HT 及 TXA_2，引起肺动脉、冠状动脉、支气管动脉和支气管平滑肌痉挛，引起急性肺动脉高压，右心衰竭和窒息；②大栓子或多量栓子突然阻断肺动脉，导致肺动脉内阻力急剧增加，造成急性右心衰竭；③肺内急性缺血缺氧，左心回心血量骤降，造成左心衰竭。

（2）患者出现肺动脉栓塞的原因：大手术后，长期卧床不动，诱发下肢静脉血栓，血栓脱落后阻塞肺动脉。避免方法：术后适时做功能恢复活动，不要卧床不动，辅以适当的抗凝治疗。

病案讨论 4

病史摘要

患者，男，23 岁，医务工作者。7 月 1 日入院。7 月 3 日死亡。主诉：右足踇趾跌伤化脓数天，畏寒发热两天。入院前数天右足踇趾跌伤感染化脓，在未麻醉下用酒精烧灼的小刀自行切开引流。入院前 2 天即感畏寒发热，局部疼痛加剧，入院当天被同宿舍职工发现高热卧床，神志不清，急诊入院。

体格及实验室检查

体温 39.5 ℃，脉搏 130 次分，呼吸 40 次 / 分，血压 80/50 mmHg。急性病容，神志模糊，心跳快，心律齐，双肺有较多湿啰音，腹软，肝脾未扪及。全身皮肤有多数瘀斑，散在各处，右小腿下部发红肿胀，有压痛。血常规：红细胞 3.5×10^{12}/L，白细胞 25.0×10^{9}/L，分类计数：中性粒细胞 0.75，单核细胞 0.02，淋巴细胞 0.23。

入院后即使用大量激素、抗生素，输血 2 次，局部切开引流。入院后 12 小时血压下降，处于休克状态，病情持续恶化，经多方抢救无效，于入院后第三日死亡。

尸检摘要

患者发育正常，营养中等，躯干上半部有多数皮下瘀斑散在，双膝关节有大片瘀斑，右下肢踝关节内下有外科切开引流切口，从足底向上 24 cm，皮肤呈弥漫性红肿。踇趾外侧有一 1.5 cm 伤创口，表面有脓性渗出物覆盖。双肺上叶后及胸壁有灶性纤维性粘连。双肺质量增加，广泛充血、变实，有多数大小不等的出血区及多数灰黄色粟粒大的脓肿，切面肺普遍充血，有多数出血性梗死灶伴小脓肿形成。双肺上叶有硬结性病灶，右上叶硬结内有一 0.8 cm 大空洞，镜下见空洞壁由类上皮细胞，朗汉斯巨细胞、淋巴细胞及成纤维细胞构成，近腔面有干酪样坏死，抗酸染色查见少许结核杆菌。全身内脏器官明显充血，心、肝、肾、脑实质细胞变性，心外膜、消化道壁、肾上腺、脾有散在出血点。在肺及大隐静脉血管内均找到革兰阳性链球菌及葡萄球菌。

思考题

（1）死者生前患有哪些疾病（病变）？

（2）这些疾病（病变）是如何发生、发展的?

分析要点

（1） 死者生前患有以下疾病：

1）脓毒败血症、右踇趾急性化脓性炎、右小腿急性蜂窝织炎、双肺败血性梗死、右心衰竭。

2）双肺继发性肺结核病、陈旧性胸膜炎。

（2） 疾病发生发展过程如下：

1）脓毒败血症：①右踇趾外伤化脓菌感染→右踇趾急性化脓性炎→全身中毒症状和中毒性休克；②全身多发性栓塞性脓肿→双肺败血性梗死→肺动脉高压→右心衰竭。

2）双肺继发性肺结核病：局灶型肺结核→浸润型肺结核→慢性纤维空洞型肺结核→后期胸膜纤维化、增厚，并与胸壁粘连，形成双肺上叶后份陈旧性胸膜炎。

病案讨论 5

病史摘要

患者，男性，18 岁。学生。转移性右下腹部疼痛 24 小时。入院前 24 小时突然上腹部及脐部持续性疼痛并继发性加剧。曾服用“驱蛔虫药”，服后症状未减。昨晚 8 时许疼痛转到右下腹部，呕吐一次，呕吐物为清水。今晨解稀薄大便一次，有畏寒发热，下午 1 时来院急诊。

体格及实验室检查

体温 38.9 ℃，脉搏 96 次 / 分，呼吸 25 次 / 分， 血压 110/74 mmHg。右下腹壁紧张，麦氏点压痛明显，反跳痛（+），白细胞总数 2.3×10^9/L，中性粒细胞 90%。

病理检查

阑尾一条，长 7cm，显著肿胀，末端膨大，直径达 1.5cm，表面高度充血，覆以黄白色渗出物，阑尾腔内充满脓液。镜检：阑尾壁各层均显著充血、水肿、大量中性粒细胞弥漫浸润，黏膜坏死，腔内为大量脓细胞，浆膜面覆以大量纤维蛋白及中性粒细胞渗出。

思考题

（1）本例阑尾发生了什么炎症？病变特点如何？

（2）如不及时手术可能会发生什么后果？

分析要点

（1）急性化脓性阑尾炎（或急性蜂窝织炎性阑尾炎）。诊断依据：转移性右下腹部疼痛 24 小时，曾服用“驱蛔虫药”，服后症状未减，畏寒发热。右下腹壁紧张，麦氏点压痛明显，反跳痛（+），白细胞总数 2.3×10^9/L，中性粒细胞 90%。

病变特点：病理检查。

（2）后果：炎症组织压力增加→炎症周围静脉炎→局部血液循环障碍→阑尾因缺血坏死、穿孔→腹膜炎。

病案讨论 6

病史摘要

患者，女，63 岁。五个月前出现胃痛，逐步加重，服复方氢氧化铝（胃舒平）、去痛片等稍见缓解。3 个月前持续胃痛，无便血和呕血。入院后体检发现锁骨上多个淋巴结肿大变软，肝大。胃肠透视发现胃小弯侧近幽门处有龛影，B 超显示肝脏有多个大小不等强反光团。临床采用化疗和支持疗法。当前患者逐步消瘦、贫血，腹痛及腹水，并呈现咯血、咳脓痰及呼吸困难等症状，X 线显示肺部多发、散在、边界清晰的圆形病灶，多接近胸膜，之间可见散在、片状阴影。经抗感染治疗无效，入院后 2 个月死亡。

尸检摘要

身体极端消瘦，体重 30 kg。左锁骨上淋巴结肿大。腹水 2500 ml，橙红、半通明状。胃：胃小弯近幽门处有一 4 cm × 3 cm 溃疡，溃疡边缘不规则隆起，切面呈灰白色、质软，溃疡底凸凹不平，并可见出血坏死。镜下见大量腺样细胞巢侵入黏膜肌层、肌层及浆膜层。细胞异型性明显，核分裂象多见。肝：体积增大，表面及切面可见大小均匀的灰白色结节，境界清晰。镜下见结节内为规则腺样细胞巢，细胞异型性明显，可见核分裂象。肺：表面及切面可见多发、散在的灰白色结节，境界清晰，镜下病变与肝脏内结节相同。双肺下叶还可见散在、黄白色、1 cm左右实变病灶，镜下见病灶内细支气管腔内大量中性粒细胞及坏死渗出物，上皮细胞有坏死脱落，细支气管四周肺泡腔有中性粒细胞及液体渗出。淋巴结：胃周边淋巴结、肠系膜、大网膜、纵隔、肝门、肺门等处淋巴结均肿大变软，切面灰白，镜下病变相同，淋巴结结构破坏，内见腺样细胞巢。卵巢：双侧均增大、灰白色、大小不等结节，镜下所见与肝内结节相同。

思考题

（1）此患者的临床诊断、病理诊断和死亡原因？

（2）通过此例如何判断肿瘤的良恶性？

（3）肿瘤对机体的危害有哪些？

（4）肿瘤的转移途径有哪些？本例有何转移？

分析要点

（1）临床诊断：胃癌晚期、肺炎。

1）病理诊断：溃疡型胃腺癌、肝转移性胃腺癌、肺转移性胃腺癌、小叶性肺炎、淋巴结转移性胃腺癌、卵巢胃腺癌种植性转移。

2）死亡原因：恶病质，肺部继发感染（小叶性肺炎）导致呼吸衰竭。

（2）判断肿瘤的良恶性方法

1）组织分化程度：良性肿瘤分化好，异型性小，与来源组织的形态相似；恶性肿瘤分化不好，异型性大，与来源组织的形态差别大。

2）核分裂象：良性肿瘤核分裂象无或稀少，不见病理核分裂象；恶性肿瘤核分裂象多见，并可见病理核分裂象。

3）生长速度：良性肿瘤缓慢；恶性肿瘤较快。

4）生长方式：良性肿瘤多见膨胀性和外生性生长，前者常有包膜形成，与周围组织一般分界清楚，故通常可推动；恶性肿瘤为浸润性和外生性生长，前者无包膜形成，与周围组织一般分界不清楚，故通常不能推动，后者伴有浸润性生长。

5）继发改变：良性肿瘤很少发生坏死和出血；恶性肿瘤常发生坏死、出血和溃疡形成。

6）转移：良性肿瘤不转移；恶性肿瘤常有转移。

7）复发：良性肿瘤手术后很少复发；恶性肿瘤手术等治疗后经常复发。

8）对机体影响：良性肿瘤较小，主要引起局部压迫或阻塞，如发生在重要器官也可引起严重后果；恶性肿瘤较大，除压迫，阻塞外，还可以破坏原发处和转移处的组织，引起坏死出血合并感染，甚至造成恶病质。

（3）肿瘤对机体的危害：破坏器官结构和功能；并发症；恶液质；异位内分泌综合征；副肿瘤综合征。

（4）肿瘤的转移途径：淋巴道转移；血道转移；种植性转移。

本例这三种转移途径都有：通过淋巴道转移至左锁骨上淋巴结，胃周边淋巴结，肠系膜、大网膜、纵隔、肝门、肺门等处淋巴结；通过血道转移至肺和肝，通过种植性转移至卵巢。

病案讨论 7

病史摘要

患者，男性，60岁。因突然昏迷2小时入院。近半年来常感心悸，尤以体力活动时为著，近

2 周来常感头晕及枕后部疼痛。今晨在厕所突然摔倒，不省人事，左上、下肢不能活动，大小便失禁。体检：昏迷状态，体温 38 ℃，脉搏 60 次 / 分，呼吸 16 次 / 分，血压 220/110 mmHg。右侧鼻唇沟变浅，右上、下肢瘫痪，双侧瞳孔大小不等。化验：脑脊液血性。入院经抢救无效死亡。患者既往有 10 年高血压病史。

尸检摘要

心脏体积增大、质量增加，左心室壁厚 2.5cm，乳头肌及肉柱均增粗，心腔不扩张；镜检：心肌纤维变粗、变长，核肥大，染色深。脑右侧内囊出血，可见 4.3cm × 3cm × 2cm 的血肿，局部脑组织坏死、出血，脑室内有血凝块。双侧肾体积缩小，质地变硬，表面凹凸不平，呈细颗粒状，切面：皮质变薄，皮、髓质界线不清；镜检：肾入球小动脉壁玻璃样变性，大部分肾小球萎缩、纤维化、玻璃样变，肾小管萎缩、消失，残留肾小球呈代偿性肥大，肾小管扩张，肾间质纤维组织增生，淋巴细胞浸润。脾中央动脉壁玻璃样变性。主动脉内膜可见粥样硬化斑块。

思考题

（1）请做出主要脏器的病理诊断及诊断依据。

（2）各脏器病变的发生机制？

分析要点

（1）心脏：向心性肥大。诊断依据：心脏体积增大，质量增加，左心室壁厚 2.5cm，乳头肌及肉柱均增粗，心腔不扩张。镜检：心肌纤维变粗、变长，核肥大，染色深。

（2）脑：脑出血。诊断依据：脑右侧内囊出血，可见 4.3cm × 3cm × 2cm 的血肿，局部脑组织坏死、出血，脑室内有血凝块。

（3）肾：原发性颗粒性固缩肾。诊断依据：双侧肾体积缩小，质地变硬，表面凹凸不平呈细颗粒状，切面：皮质变薄，皮、髓质界限不清。镜检：肾入球小动脉壁玻璃样变性，大部分肾小球萎缩、纤维化、玻璃样变，肾小管萎缩、消失，残留肾小球呈代偿性肥大，肾小管扩张。

（4）脾：脾细动脉硬化。诊断依据：脾中央动脉壁玻璃样变性。

（5）动脉：主动脉粥样硬化。诊断依据：主动脉内膜可见粥样硬化斑块。

（6）各脏器病变的发生机制：由于长期高血压，全身细小动脉发生器质性病变，细动脉发生玻璃样变性，小动脉中膜平滑肌细胞增生、肥大，导致细小动脉硬化。肾细小动脉硬化，肾小球及所属肾小管因缺血而萎缩、消失，周围相对健存的肾小球、肾小管发生代偿性肥大、扩张，间质结缔组织增生，导致原发性颗粒性固缩肾。脑细小动脉硬化使血管壁变脆，当血压突然升高时可引起破裂性出血；或由于血管壁弹性下降，形成微小动脉瘤，引起破裂出血。高血压可促进动脉粥样硬化的发生，高血压时血流对血管壁的机械性压力和冲击作用，引起血管内皮损伤和（或）功能障碍，使内膜对脂质的通透性增加。

病案讨论 8

病史摘要

患者，男，64 岁，体重 78 kg。某日 22 时出现“呕吐、腹泻、腹痛”，当晚急送医院治疗，经输液治疗后病情好转回家。翌日上午 10 时许，再次到当地医院输液治疗，输液过程中突然出现“气喘、胸闷、心悸”，经抢救无效死亡。经调查，患者有 3 年多高血压病史（血压波动范围：收缩压 145 ～ 180 mmHg，舒张压 95 ～ 140 mmHg）。

尸检摘要

心脏重 398 g（正常约 300 g），左心室肌壁厚 1.6 cm，右心室肌壁厚 0.3 cm，室间隔厚 1.1

cm。左肺重 508 g、右肺重 592 g，双肺表面及切面淤血、水肿。双肾体积对称缩小，表面呈细颗粒状，质硬，薄膜不易剥离，肾实质萎缩，间质增生。镜检：心肌细胞弥漫性肥大及肿胀变性，心肌纤维断裂，嗜酸性增强；心肌间质水肿，局部检查见散在分布的条片状纤维组织增生，间质血管扩张、淤血；局部心肌间隙检见小灶状红细胞成分。冠状动脉左前降支动脉管壁内膜纤维性增厚，形成动脉粥样硬化改变，合并动脉管腔狭窄（达 30%）。支气管上皮倒伏、断裂、脱落，肺间质及肺泡间隔毛细血管管腔扩张、淤血，大部分肺泡腔内充满淡红色水肿液。局部可见肾小球纤维化改变。脾细动脉狭窄，管壁增厚，内膜下可见均质红染半透明物质。

思考题

（1）根据上述病史及检查结果，其主要病理改变有哪些？

（2）脾动脉有何病变，与患者的主要疾病间有何关系？

（3）推测患者死亡主要原因。

分析要点

（1）病理诊断

1）细动脉硬化症并高血压性心脏病。

2）冠状动脉左前降支动脉管壁动脉粥样硬化并动脉管腔狭窄（达 30%）。

（2）细小动脉玻璃样变性，是高血压的基本病变。

（3）根据心脏本身情况，心脏、双肺及其他各脏器的病理形态学改变，结合案情及病理资料，综合分析认为死亡原因为高血压性心脏病导致急性心功能衰竭死亡，肺水肿符合急性心功能衰竭的形态学改变。

病案讨论 9

病史摘要

患者，男，55 岁。间歇性胸骨后或心前区疼痛 8 年，伴气短、心悸。近 2 个月症状加重。3 小时前，劳累后突感剧烈心绞痛，向左肩、臂部放射，急诊入院。抢救无效死亡。

尸检摘要

尸检见主动脉及其分支、冠状动脉、脑基底动脉环有粥样斑块，左心室壁心肌梗死。主动脉内膜多处可见大小不等、微隆起的灰白色及黄白色斑块，针头大小的黄色斑点为脂纹，灰白色隆起为纤维斑块，黄白色斑块为粥样斑块。

思考题

（1）患者主动脉病变为何种病理改变？其镜下主要特点是什么？

（2）该类病变的继发性病变有哪些？

分析要点

（1）患者主动脉病理改变及其镜下主要特点见表 5-1。

表 5-1　患者主动脉病理改变及其镜下特点

分期	肉眼	镜下
脂纹	动脉内膜点状或细条纹状的黄色微隆起，常见于主动脉后壁和分支开口处，苏丹Ⅲ染为橘红色	内膜下大量泡沫细胞聚集
纤维斑块	动脉内膜瓷白色不规则形隆起	病灶表面被覆大量胶原纤维构成的纤维帽，纤维帽下为数量不等的泡沫细胞
粥样斑块（粥瘤）	动脉粥样硬化特征性病变：动脉内膜黄色隆起，表面白色硬组织，深部黄色粥样物质	纤维帽下大量坏死崩解产物、胆固醇结晶和钙盐沉积。病变底部可见肉芽组织增生

（2）斑块内出血、破裂、血栓形成、钙化、动脉瘤形成、血管腔狭窄。

病案讨论 10

病史摘要

患者，男，63 岁。反复咳嗽、咳痰近 20 年。近 5 年，自觉心慌、气短，胸闷，活动后加重。1 年前开始出现双下肢水肿，经休息可缓解。近 2 个月感觉腹胀。5 天前因受凉发热、病情加重，不能平卧，急诊入院。

体格及实验室检查

体温 38.1 ℃，脉搏 91 次 / 分，呼吸 30 次 / 分，血压 130/85 mmHg。患者神志尚清，口唇发绀，颈静脉怒张，吸气时锁骨上窝明显凹陷。桶状胸，双肺叩诊过清音，双肺散在干、湿啰音，心音遥远，心率 91 次 / 分，律齐，心浊音界缩小。腹部膨隆，移动性浊音（+），肝下缘在右肋缘下 7.2 cm。双下肢凹陷性水肿。实验室检查：白细胞 8.6×10^9/L，中性粒细胞 0.92、淋巴细胞 0.08。入院后经积极治疗病情仍未缓解，24 小时前患者出现抽搐、烦躁不安，继而神志不清，心率 168 次 /min，血压下降，抢救无效死亡。

尸检摘要

①双下肢凹陷性水肿，腹腔积液 1500 ml，淡黄色、透明，比重 1.011。双肺体积增大，充气膨胀，表面及切面均可见散在灶状实变病灶，以下叶病变较重。镜下观察：双肺肺泡扩张，肺泡壁变窄、部分断裂。细支气管腔和肺泡腔有浆液、中性粒细胞渗出，部分支气管黏膜上皮细胞坏死脱落，黏膜内杯状细胞增多，局部鳞状上皮化生，管壁黏液腺增生、肥大，软骨灶性钙化，纤维组织增生，淋巴细胞及中性粒细胞浸润。肺小动脉壁增厚。②心脏：重 500 g，右心室壁厚 0.57 cm，右心腔明显扩张，乳头肌及肉柱显著增粗，肺动脉圆锥膨隆，左心及各瓣膜未见明显异常。③肝：体积增大，质硬，呈“槟榔肝”改变。④脾：体积增大，淤血。

思考题

（1）此患者的临床诊断和死亡原因？

（2）分析各种疾病的发生、发展及演变过程。

分析要点

（1）诊断及诊断依据

1）慢性支气管炎：患者反复咳嗽、咳痰近 20 年。黏膜内杯状细胞增多，局部鳞状上皮化生，管壁黏液腺增生、肥大，软骨灶性钙化，纤维组织增生，淋巴细胞及中性粒细胞浸润。

2）慢性阻塞性肺气肿：患者近年心慌、气短，胸闷，活动后加重。吸气时锁骨上窝明显凹陷。桶状胸，双肺叩诊过清音，心浊音界缩小，心音遥远。双肺体积增大，双肺肺泡扩张，肺泡壁变窄、部分断裂。

3）支气管肺炎：因受凉发热、病情加重。双肺散在干、湿啰音。肺表面及切面均可见散在灶状实变病灶。灶状实变病灶内见细支气管腔和肺泡腔内有浆液、中性粒细胞渗出，部分支气管黏膜上皮细胞坏死脱落。实验室检查白细胞 8.6×10^9/L，其中中性粒细胞占 92%。

4）慢性肺源性心脏病并心力衰竭：因受凉发热，心悸、气短加重，不能平卧。心率 91 次 / 分，口唇发绀，颈静脉怒张，双下肢凹陷性水肿，腹腔积液。心脏重 500 g，右心室壁厚 0.57 cm，右心腔明显扩张，乳头肌及肉柱显著增粗，肺动脉圆锥膨隆，左心及各瓣膜未见明显异常。肝大，淤血硬化。

5）肺性脑病：患者出现抽搐、烦躁不安，继而神志不清，心率加快至 168 次 / 分，脉搏细弱，血压下降。

（2）死亡原因：肺性脑病。

（3）发生、发展及其演变过程：经常反复的上呼吸道感染→慢性支气管炎→细支气管阻塞性通气障碍→慢性阻塞性肺气肿→肺通气、换气功能障碍→缺氧→肺循环阻力增加、肺动脉高压→慢性肺源性心脏病→急性上呼吸道感染并发支气管炎→加重肺损害和缺氧→严重缺氧、二氧化碳潴留→心力衰竭→肺性脑病。

病案讨论 11

病史摘要

患者，女，20 岁。因“发热 7 天、咳嗽、咳痰 6 天”入院。主要病史：患者 7 天前因受凉后出现体温升高，最高达 39 ℃，高热寒战，后出现咳嗽、黄痰，痰中带铁锈色血丝。

体格及实验室检查

体温 39.8 ℃，脉搏 100 次 / 分，呼吸 22 次 / 分，血压 125/80 mmHg。急性病容，右背部肩胛下角以下及腋下触觉语颤增强，可闻支气管呼吸音和少许吸气相细湿啰音。心脏和腹部查体无异常。

血常规：白细胞 12×10^9/L，中性粒细胞 89%，血红蛋白 142 g/L，血小板 275×10^9/L。尿便常规正常。肝功能、肾功能、电解质正常。痰涂片：找到革兰阳性、带荚膜成对或短链状排列球菌。痰找抗酸杆菌阴性。支原体、军团菌、衣原体抗体阴性。胸部 X 线：右肺中下野见大片密度增高影、边缘模糊。入院经抗生素治疗，病情好转，各种症状逐渐消失，左肺下叶的大片致密阴影消失。

思考题

（1）患者所患疾病是什么？诊断依据是什么？

（2）患者出现“咳嗽、黄痰，痰中带铁锈色血丝”，其病理基础是什么？

（3）患者出现湿啰音的病理基础是什么？

（4）左肺下叶为什么会出现大片致密阴影？

（5）患者入院时，其最可能处于疾病哪个阶段，为什么？

分析要点

（1）大叶性肺炎。诊断依据：青壮年，高热、咳嗽、咳铁锈色痰，外周血白细胞数目增高，中性粒细胞比例增高，肺实变体征。

（2）肺泡腔内渗出的红细胞被巨噬细胞吞噬后形成含铁血黄素混入痰中，使痰液呈铁锈色。

（3）湿性啰音的病理基础是肺内液体渗出增多，液气混合形成小气泡，气泡破裂发出声音而形成。

（4）左肺下叶大片致密阴影：肺泡腔内渗出大量纤维素、大量红细胞或大量中性粒细胞等，使病变肺叶实变。

（5）最可能处于红色肝样变期，原因：①痰中带铁锈色血丝；②右背部肩胛下角以下及腋下触觉语颤增强，可闻支气管呼吸音；③胸部 X 线检查：右肺中下野见大片密度增高影、边缘模糊。

病案讨论 12

病史摘要

患者，男，4 岁。主诉：咳嗽，咳痰伴气喘 9 天，加重伴精神萎靡 1 天。患者于 9 天前因受凉后当天晚上出现咳嗽，咳痰，痰呈白色黏稠痰，同时伴有气喘，曾在当地诊所就诊，以“上呼吸道感染”而给予西药口服，病情无明显好转，痰逐渐转为黏液脓性痰，同时伴有不规则发热。昨天起病情加重，呼吸困难明显，并出现精神萎靡、活动减少、拒食而急诊入院。

体格及实验室检查

体温 39 ℃，脉搏 110 次 / 分，呼吸 30 次 / 分，心音钝，心律齐。面色苍白，鼻翼扇动，口唇发绀，精神萎靡。两肺背侧下部可闻及密集的湿啰音。白细胞检查：白细胞总数增高，26×10^9/L，中性粒细胞增高。X 线胸片：左、右肺下叶见多发性小灶性阴影。入院后给予抗生素及输液、降温等对症治疗，体温有所下降，入院第 2 天，出现呼吸困难突然加重、呼吸明显增快，患儿烦躁不安，面色苍白或发绀，经吸氧及镇静剂治疗仍不能缓解。心率突然加快，继之出现呼吸循环衰竭，经抢救无效于当晚死亡。

尸检摘要

发现患儿口唇发绀，左右肺下叶背侧实变，切面可见粟粒大散在灰黄色病灶。有处病灶融合成蚕豆大，边界不整齐，略突出于表面。镜下病变呈灶状分布，病灶区肺泡内充满浆液脓性渗出物，病灶中央可见到发炎的细支气管，管壁充血，中性粒细胞浸润，管腔内充满大量的中性粒细胞及脱落的上皮细胞，病灶周围的肺泡腔内可见浆液和炎细胞，周围肺组织充血，肺泡过度扩张等变化。

思考题

（1）试分析患儿主要病理过程做初步诊断并给出依据。

（2）患儿体检时，可听到肺部有湿啰音，其病理基础是什么？

（3）与上一案例相比较，它们之间有无异同点。

分析要点

（1）主要病变：小叶性肺炎。依据：小儿，咳嗽、咳痰、气喘、呼吸急促、口周围青紫、鼻翼扇动，两肺湿性啰音，白细胞升高，X 线片见左、右肺下叶见多发性小灶性阴影。

（2）湿性啰音的病理基础为肺内有大量液体渗出，当气体通过液体时产生气泡，气泡破裂时，产生的声音传导到体表被听到即是湿性啰音，一般提示肺部炎症或者心力衰竭等。

（3）本病案与病案 11 异同点见表 5-2。

表 5-2　病案 12 与病案 11 异同点

	大叶性肺炎	小叶性肺炎
病原菌	肺炎球菌（90%），毒力较强的 3 型	多种化脓菌：肺炎球菌、葡萄球菌、嗜血流感杆菌、克雷白杆菌、链球菌、铜绿假单胞菌、大肠杆菌等
病变特点	肺泡的纤维素性炎	以细支气管为中心的肺组织化脓性炎
病变范围	起始于肺泡→肺段或整个肺叶	起始于细支气管→以肺小叶为单位灶性散布
肉眼	单侧肺，左肺、右肺下叶	双肺下叶和背侧，黄白色病灶，斑片状分布

续表

	大叶性肺炎	小叶性肺炎
镜下	单侧肺受累，典型的四期表现，胸膜常受累，支气管不受累	1） 化脓性支气管炎 2） 肺泡腔内的渗出脓液 3） 肺泡壁破坏及小脓肿形成
并发症	少见，肺肉质变、肺脓肿及脓胸、败血症、感染性休克	多且严重，心力衰竭、呼吸衰竭、脓毒血症、肺脓肿、脓胸
好发人群	青壮年	小儿和年老体弱者，往往作为合并症出现
预后	好	差

病案讨论 13

病史摘要

患者，男，45 岁。周期性上腹部疼痛 10 余年。疼痛以饭后 1 小时最为明显，同时伴有上腹饱胀、反酸、嗳气等症状。每年发作数次，多在秋冬之交和春夏之交，或者饮食不当时发作。每次发病持续数周，服抗酸药物缓解，数月后又可复发。患者近 1 月来疼痛加重，于今日清晨呕出咖啡色样残渣约 200 m1，柏油样大便 2 次，伴腹胀收住入院。

体格及实验室检查

体温 37.0 ℃，脉搏 120 次 / 分，血压 90/60 mmHg，精神差，贫血貌，四肢冷，上腹中部压痛阳性，无反跳痛，肠鸣音 8 ～ 10 次 / 分。血常规红细胞 2.81×10^9/L，血红蛋白 74g/L。大便潜血试验（OB）（++++）。

胃镜检查：胃小弯靠近幽门处见一溃疡。溃疡为单发圆形，直径在 2cm 以内，边缘整齐，不隆起，黏膜皱襞呈放射状，底部平坦深达肌层，并伴有出血。

思考题

（1）根据上述资料，该患者最可能的诊断是什么？

（2）试分析该患者的病理形态特点及其常见并发症。

（3）患者已出现了哪种并发症？若不及时治疗还会出现哪些并发症？

分析要点

（1）胃溃疡。

（2）理论病理变化

1）肉眼观察：胃溃疡多位于胃小弯近幽门部。溃疡通常呈圆形或椭圆形，一般为单个，直径多在 2cm 以内。溃疡边缘整齐，如刀割样，底部平坦。溃疡深浅不一，较浅者仅累及黏膜下层，深者可穿透肌层达浆膜层，溃疡周围黏膜皱襞常向溃疡处集中，似轮辐状。

2）镜下观察：慢性溃疡底部从表层到深层可分为四层：①渗出层：由少量白细胞及纤维素构成；②坏死层：为红染无结构的坏死组织；③肉芽组织层：为新鲜的肉芽组织；④瘢痕层：由致密胶原纤维构成，常伴有玻璃样变。

3）常见并发症：出血；穿孔；幽门狭窄；癌变。

（3）患者病理分析：患者已经出现胃溃疡并发出血。胃溃疡多位于与泌酸区毗邻的胃小弯侧及幽门前区，也可发生在小弯上端或贲门，偶见于大弯。溃疡进一步发展，基底部的血管，特别是动脉受损伤时，可并发出血，甚至大量出血。当溃疡向深层侵袭可穿透浆膜引起穿孔。溃疡愈合后常留有瘢痕（称瘢痕期），瘢痕区内血管壁增厚或有血栓形成，易于复发。瘢痕收缩或与浆膜及周围组织粘连可引起病变部位畸形及幽门狭窄。

病案讨论 14

病史摘要

患者，男，48岁。因食欲不振和消瘦半年、发热和进行加重的黄疸3个月，近1周来神志恍惚入院。患者于15年前过有过食欲不振、呕吐和黄疸史，由传染病医院诊断为“乙型病毒性肝炎”，经住院治疗后病情有所缓解，随后经常乏力，食欲差，肝区不适等，肝功能化验“不正常”，B超检查发现肝大。5年前患者又曾腹胀、黄疸和下肢水肿，并呕血2次。

体格及实验室检查

显著消瘦，皮肤巩膜中度黄染，肝掌（+），蜘蛛痣（+），腹部高度膨隆，腹壁浅静脉怒张，腹水征（+）；肝体积增大，质地较硬，表面不平；脾体积增大，双侧乳腺增生，双侧睾丸缩小。血清氨基转移酶增高，白蛋白减少，白/球比例倒置，胆红素增高，乙肝标志物测定提示乙肝。B超检查：肝大，肝内多发性大结节，脾大。胃镜检查：食管下端静脉明显迂曲、扩张。

患者入院后，虽经对症治疗，病情继续加重，神志恍惚，逐渐完全昏迷，于入院第20天时，再次呕鲜血约2000 ml，神志淡漠，血压下降至60/30 mmHg，患者呼吸心跳逐渐停止，双侧瞳孔逐渐散大固定。心电图示：全心停搏。经抢救无效死亡。

思考题

（1）本例患者先后发生过什么疾病？之间有什么联系？

（2）推测本患者直接死亡的原因是什么？

（3）本病例死后剖解时，肉眼检查会发现哪些病变？

（4）本例患者主要受累及的器官镜下病变如何？

分析要点

（1）死者患过的疾病：乙肝、肝硬化、门静脉高压症、肝功能不全、肝性脑病。

联系：慢性乙肝，不断反复出现肝细胞变性、坏死促成硬化，肝硬化时，由于肝内血管系统的严重破坏和改建，肝实质细胞的病变加重，引起门静脉高压和肝功能不全，最终导致肝性脑病。

（2）直接死因是消化道大出血引起的失血性休克死亡。

（3）肉眼应该可以看出腹壁静脉曲张、蜘蛛痣、肝硬化，食管下段静脉曲张。

（4）镜下：肝硬化的镜下观为主。

病案讨论 15

病史摘要

患者，女，12岁。3天前出现眼睑水肿，并有尿量少和尿色变红。以前有多次扁桃体发炎病史。

体格及实验室检查

体温37.3 ℃，血压150/90 mmHg。面色苍白，眼睑水肿，咽红，两侧扁桃体Ⅰ度肿大。24小时尿量520 ml，尿蛋白（++），红细胞少许，透明颗粒管型（+）。血红蛋白110 g/L，红细胞3.6×10^{12}/L，白细胞总数8.1 ～ 10^9/L，中性粒细胞0.65，淋巴细胞0.28，单核细胞0.05，嗜酸粒细胞0.02。

血沉 18 mm/h。

入院后经低盐、抗感染及降压等治疗，住院 45 天，症状全部消失，各项检查恢复正常出院。

思考题

（1）此患儿的疾病诊断是什么？有哪些诊断依据？

（2）患儿两肾的病理变化如何？

分析要点

（1）诊断

1）肾小球肾炎。

2）诊断依据：①患儿以前有多次扁桃体发炎病史。②患儿眼睑水肿、血压偏高是肾小球肾炎引发低蛋白血症和体内钠水潴留所致。③患儿尿量减少，缘于炎症渗出及增生使肾小球滤过面积减少；尿中出现蛋白、红细胞及管型颗粒是变态反应损伤肾小球滤过膜使其通透性增加所致。④入院经低盐饮食减轻体内钠水潴留防治水肿，抗感染是为了防治由感染再次引发变态反应造成肾小球肾炎反复发作。

（2）患儿两肾的病理变化：肾小球肾炎在儿童主要表现为肾小球毛细血管内皮细胞增生和系膜细胞增生。大体：双肾对称性肿大充血→大红肾。局部可伴有点状出血→蚤咬肾。镜下观察：肾小球体积增大，细胞数量明显增加；肾小管上皮细胞水肿变性，管腔内有粉红色血浆蛋白、红细胞、白细胞及脱落的上皮细胞，可在肾小管内凝集成蛋白管型、细胞管型随尿液排出；肾间质水肿渗出。

病案讨论 16

病史摘要

患者，女，38 岁。突然发冷、高热、伴腰痛，尿频、尿急、尿痛。肾区有压痛及叩击痛。体温 40 ℃，尿蛋白（+）。镜检：白细胞成堆，白细胞管型可见，肾功能正常，中段尿培养有大肠埃希菌，菌落计数＞ 10^9/ml。

思考题

（1）写出可能诊断及诊断依据。

（2）写出最主要的病理变化特点。

分析要点

（1）诊断

1）急性肾盂肾炎。

2）诊断依据为：①高热，体温 40 ℃；②腰痛，肾区有压痛及叩击痛；③膀胱刺激征：尿频、尿急、尿痛；④脓尿、菌尿：镜检见白细胞成堆，中段尿培养有大肠埃希菌，菌落计数＞ 10^9/ml。

（2）病理变化特点：肾肿大，充血，质软。表面散在大小不等的黄白色脓肿，脓肿周围是紫红色的充血带。切面见脓肿不规则地分布于肾皮质和髓质各处，并见黄色条纹状病灶由髓质向皮质延伸，或呈楔形分布。肾盂黏膜充血、水肿，表面有脓性渗出物覆盖，有时可见小出血点。镜下，主要病变为肾间质的化脓性炎症和肾小管上皮细胞的坏死、崩解。间质水肿，大量中性粒细胞浸润，形成脓肿或条索状化脓病灶。脓肿和化脓灶破坏肾小管，管腔内可见大量中性粒细胞和脓细胞。肾小球通常无病变，严重的病例大量肾组织坏死可破坏肾小球。肾盂黏膜充血水肿，大量中性粒细胞浸润。

病案讨论 17

病史摘要

患者，男，38 岁，工人。咳嗽、消瘦 1 年多，加重 1 月入院。1 年前患者出现咳嗽，多痰，数月后咳嗽加剧，并伴有大咯血，约数百毫升，咯血后症状日渐加重。反复出现畏寒、低热及胸痛，3 个月前痰量明显增多，精神萎靡，体质明显减弱，并出现腹痛和间歇交替性腹泻和便秘。10 年前其父因结核性脑膜炎死亡，患病期间同其父密切接触。体格检查：体温 38.5 ℃，呈慢性病容，消瘦苍白，两肺布满湿性啰音，腹软。胸片可见肺部有大小不等的透亮区及结节状阴影，痰液检出抗酸杆菌。入院后经积极抗结核治疗无效而死亡。

尸检摘要

全身苍白，消瘦，肺与胸壁广泛粘连，胸腔、腹腔内均可见大量积液，喉头黏膜及声带粗糙。两肺胸膜增厚，右上肺一厚壁空洞，直径 3.5 cm，两肺各叶均见散在大小不一灰黄色干酪样坏死灶。镜下见结核结节及干酪样坏死区，并有以细支气管为中心的化脓性炎。回肠下段见多处带状溃疡，镜下有结核病变。

思考题

（1）根据临床及尸检结果，请为该患者做出诊断并说明诊断依据。

（2）用病理知识，解释相应临床症状。

（3）请说明各种病变的关系。

分析要点

（1）诊断

1）结核病：继发性肺结核、结核性胸膜炎、肠结核、结核性腹膜炎。

2）诊断依据：①病史：咳嗽、咳痰、消瘦、咯血、胸痛、腹泻便秘、结核患者密切接触史。②胸片：可见肺部有大小不等的透亮区及结节状阴影。③痰液检查：痰液检出抗酸杆菌。④尸检结果：全身苍白，消瘦，肺与胸壁广泛粘连，胸腔、腹腔内均可见大量积液，喉头黏膜及声带粗糙。两肺胸膜增厚，右上肺一厚壁空洞，直径 3.5 cm，两肺各叶均见散在大小不一灰黄色干酪样坏死灶。镜下见结核结节及干酪样坏死区，并有以细支气管为中心的化脓性炎。回肠下段见多处带状溃疡，镜下有结核病变。

（2）临床病理联系

1）肺结核时炎症刺激支气管、炎症渗出→咳嗽、咳痰。

2）全身消耗、腹泻、便秘→消瘦。

3）溃疡型肠结核、结核性腹膜炎→腹泻便秘腹痛腹软。

4）结核累及胸膜→胸痛。

5）结核性胸膜炎→胸水；肠结核→腹水。

6）肺内干酪样坏死物液化、小叶性肺炎细支气管为中心的化脓性炎→两肺湿性啰音。

（3）各种病变的关系

1）肺结核→结核性胸膜炎→胸水。

2）肺结核→肠结核→结核性腹膜炎→腹水。

3）结核病→机体免疫力低下→小叶性肺炎。

附　正常值

【脏器质量】

（1）心：质量：男 300g、女 250g；心房壁厚度：0.1 ～ 0.2cm；左心室壁厚度：0.9 ～ 1.2cm；右心室壁厚度：0.3 ～ 0.4cm；二尖瓣周长：10cm；三尖瓣周长：11cm；主动脉瓣周长：7.5cm；肺动脉瓣周长：8.5cm。

（2） 肝：质量：1300 ～ 1500g；左右径：25 ～ 30cm；前后径：19 ～ 21cm；上下厚度：6 ～ 9cm。

（3）肺：左肺质量：325 ～ 480g；右肺质量：360 ～ 570g。

（4）脑：男：1300 ～ 1500g；女：1100 ～ 1300g。

（5）脾：质量：150 ～ 190g；大小：11.5cm × 8cm × 3.5cm。

（6）肾：质量（一侧）：140 ～ 150g；大小：11.5cm × 5.5cm × 3.5cm；皮质厚度：0.5 ～ 0.6cm。

【血常规正常参考值】

1. 红细胞计数（RBC）

男：4.0 ～ 5.5 $\times 10^{12}$/L（400 万～ 550 万个 /mm^3）

女：3.5 ～ 5.0 $\times 10^{12}$/L（350 万～ 500 万个 /mm^3）

新生儿：6.0 ～ 7.0 $\times 10^{12}$/L（600 万～ 700 万个 /mm^3）

2. 血红蛋白测定（Hb 或 HGb）

男：120 ～ 160g/L（12 ～ 16g/dl）

女：110 ～ 150g/L（11 ～ 15g/dl）

儿童：120 ～ 140g/L（12 ～ 14g/dl）

3. 白细胞计数（WBC）

成人：4 ～ 10 $\times 10^9$/L（4000 ～ 10 000/mm^3）

新生儿：15 ～ 20 $\times 10^9$ /L （15 000 ～ 20 000/mm^3）

4. 白细胞分类计数（DC）　见附表 1

附表 1　白细胞分类计数

白细胞分类	占白细胞总数的百分比
中性粒细胞（N）	0.3 ～ 0.7
中性杆状核粒细胞	0.01 ～ 0.05 （1% ～ 5%）
中性分叶核粒细胞	0.50 ～ 0.70 （50% ～ 70%）
嗜酸粒细胞（E）	0.005 ～ 0.05 （0.5% ～ 5%）
嗜碱粒细胞（B）	0.00 ～ 0.01 （0 ～ 1%）
淋巴细胞（L）	0.20 ～ 0.40 （20% ～ 40%）
单核细胞（M）	0.03 ～ 0.08 （3% ～ 8%）

（尹漾阳　袁　艇）